U0097058

古代歷史文化 研究輯刊

二二編

王明蓀 主編

第 23 冊

黃慎的書畫藝術研究(下)

陳源麟 著

國家圖書館出版品預行編目資料

黃慎的書畫藝術研究（下）／陳源麟 著 — 初版 — 新北市：花
木蘭文化事業有限公司，2019〔民 108〕
目 2+132 面；19×26 公分
（古代歷史文化研究輯刊 二二編：第 23 冊）
ISBN 978-986-485-917-7（精裝）
1.（清）黃慎 2. 書畫 3. 藝術評論
618   108011827

ISBN-978-986-485-917-7

9 789864 859177

古代歷史文化研究輯刊
二二編　第二三冊   ISBN：978-986-485-917-7

黃慎的書畫藝術研究（下）

作　　者　陳源麟
主　　編　王明蓀
總 編 輯　杜潔祥
副總編輯　楊嘉樂
編　　輯　許郁翎、王筑、張雅淋　美術編輯　陳逸婷
出　　版　花木蘭文化事業有限公司
發 行 人　高小娟
聯絡地址　235 新北市中和區中安街七二號十三樓
　　　　　電話：02-2923-1455／傳真：02-2923-1452
網　　址　http://www.huamulan.tw 信箱 hml 810518@gmail.com
印　　刷　普羅文化出版廣告事業
初　　版　2019 年 9 月
全書字數　159697 字
定　　價　二二編 25 冊（精裝）台幣 63,000 元   版權所有·請勿翻印

黃慎的書畫藝術研究(下)

陳源麟　著

目

次

第四章　黃愼創作理念與繪畫特色

　　黃愼一生並無繪畫理論的專書，從其《蛟湖詩鈔》也不見其詩作對藝術創作理念的抒發與析論，僅能在黃愼題畫詩及同代人的論述中，對黃癭瓢藝術創作情思略窺一二。

第一節　創作理念

一、寫神不寫貌、寫意不寫形

　　東晉顧愷之的「形神論」，在中國傳統人物畫中有極大的影響，顧愷之的「以形寫神」，形為框架，寓神於形的框架中，準確表現形象的刻畫，形式美感方能動人，也能呈現畫面中非物質的精神世界，即神。顧愷之高度重視「傳神」在人物形象表現中的作用，但並非「賤形貴神」〔註1〕。而黃愼少年習寫眞與工筆，立下紮實的寫實根基，對物象形體能準確再現，與大部分的中國畫家一般，不以形似滿足爲目的，將「傳神」當作本身創作的最高原則之一。黃愼在六十八歲時所作《漱石手硯圖》中〈6805 人〉（圖 4-2）〔註2〕中的款文「寫神不寫眞，手持此結鄰，何處風流客，吾家大度人。」及北京故宮博物院所藏〈花 003〉（圖 4-3）〔註3〕花卉冊頁中的款文「寫神不寫貌，寫意不寫形」可略見黃愼對藝術創作的態度，所言不寫眞、不寫貌及不寫形，並非

〔註 1〕　周積寅編：《中國歷代畫論》，南京，江蘇美術出版社，2007 年 6 月，569 頁。
〔註 2〕　〈漱石手硯圖〉，85.2×35.8cm，北京故宮博物院藏。
〔註 3〕　〈花卉冊〉，23.1×30.6cm，北京故宮博物院藏。

圖 4-1　　　圖 4-2
〈6805 人〉　〈6805 人〉
款文局部　〈漱石手硯圖〉　　　　圖 4-3　　〈花 003-5〉

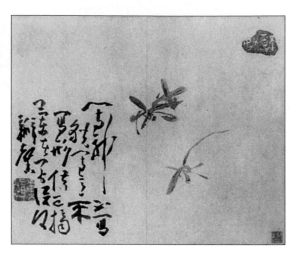

不重視描繪物象客體的外形，黃慎為職業畫家，繪畫根植於寫真與工筆畫，當不會拋棄本身繪畫的優勢——寫實能力，從黃癭瓢繪畫作品看來亦是，人物形象準確，花鳥造型生動。沈宗騫在《芥舟學畫編》論及：

> 然所以為神之故，則又不離乎形，耳目口鼻固是形之大要，至於骨
> 骼皴多寡隱現，一一不謬，則形得而神自來矣。〔註4〕

沈宗騫此處論及神不離形，形得而神采自然會出現，故神采還是須藉由形體表現出來。

周積寅在《中國歷代畫論》提到形與神關係時說：

> 形與神的關係如何？它們是對立的，又是統一的。形是揭示事物外
> 延的，因此說它是外在的，表象的，具體的、可視的；而神是揭
> 示事物內涵的，因此說它是內在的、本質的、隱含的。形是神賴
> 以存在的軀殼，形無神不活；神是形賦予生命的靈魂，神無所不
> 在。〔註5〕

傳統中國繪畫講求「以形寫神」、「形神兼備」、「形似神似」，強調形神關係是

〔註 4〕 清沈宗騫：《芥舟學畫編》，傳神總論，刊於俞建華（注譯）《中國畫論選讀》，
　　　　南京，江蘇美術出版社，2007 年 8 月，451 頁。
〔註 5〕 周積寅編：《中國歷代畫論》：下編，南京，江蘇美術出版社，2007 年 6 月，
　　　　534 頁。

傳統中國繪畫中的重要條件，神是通過形表現，沒有形，神無所寄託，歷代畫論強調傳神但不輕視寫意多有論者，清代鄒一桂說：

> 譬如畫人耳目口鼻鬚眉，一一俱肖，則神氣自出，未有形缺而神全者也。〔註6〕

清楊晉在《跋畫》中論及：

> 寫生家神韵爲上，形似次之；然失其形，則亦不必問其神韵矣。
> 〔註7〕

鄒一桂與楊晉皆論人物畫，傳其神韻爲高層次表現，但脫離了形的寄託，神韻無法呈現。鄭板橋在〈絕句二十一首〉詩中寫出對黃慎看法：

> 愛看古廟破苔痕，慣寫荒崖亂樹根，畫到精神飄沒處，更無眞相有眞魂。〔註8〕

而齊白石指黃慎給他重要啟示與影響：

> 余在黃鏡人處獲觀黃癭瓢畫冊，使知余畫猶過形似，無超然之趣。決定從今大變，人欲罵之，余勿聽也；人欲譽之；余勿喜也。〔註9〕

齊白石又說：

> 前朝之畫家，不下數百人之多，癭瓢、青藤、大滌子，皆形似也。
> 惜余天資不若三公，不能師之。〔註10〕

白石老人評價黃慎不僅形似，在形似外亦有超然之趣。而黃慎所謂寫神不寫貌，寫意不寫形，寫神不寫眞的論點與前者論述，立論看法雷同，或可謂不僅寫貌更寫神，不僅寫形更寫意，不僅寫眞更寫神，黃慎的創作情思理念不僅在於寫貌，寫形、寫眞求物象準確的形似，更在形似的基礎上，進而融入創作者本身思想情感表現物象內在氣質與精神以得其神似。

二、雅俗美學觀融合

　　歷來美術史論對揚州八怪繪畫作品世俗化，商品化多有探討，黃慎身爲

〔註6〕　周積寅編：《中國歷代畫論》：下編，南京，江蘇美術出版社，2007 年 6 月，569 頁。

〔註7〕　周積寅編：《中國歷代畫論》：下編，569 頁。

〔註8〕　鄭板橋：《鄭板橋全集》，臺北，鼎文書局出版，2001 年 12 月，92 頁。

〔註9〕　齊白石：〈老萍詩草〉，刊於丘幼宣《一代畫聖黃慎研究》，福州，福建教育出版社出版，2002 年 9 月，1003 頁。

〔註10〕　同上註。

職業畫家，其藝術創作爲謀生主要依附之工具，繪畫作品自然成爲商品，而非文人書齋中自娛遣興，抒發性情的雅玩，從商品經濟的角度及市場供需看來，職業畫家是無法不考慮顧客的需求，迎合繪畫市場的喜好，謝堃在《書畫所見錄》中：

> 蓋揚俗輕佻，喜新尚奇，造門者不絕矣，癭瓢由是買宅，娶大小婦，
>
> 與李驒、高翔輩結二十三友，酬唱無虛日。〔註11〕

黃愼早年爲謀生養家，繪畫創作偏向諧俗，是因爲「寫眞易諧俗」〔註12〕。「諧俗」二字拆解分開來看，「諧」有和洽，協調之意，又有「諧易」，即幽默而平易近人〔註13〕。「俗」有人群習慣，風土人情，凡庸，不雅鄙俗之義〔註14〕。故「諧俗」爲接近人群集體習慣思想，協調風俗人情，是具有普羅大眾式的審美觀，文人雅士眼中亦可論「諧俗」爲親近凡庸與不雅鄙俗之義。謝稚柳在《唐宋元明清畫選》序中論及：

> 號稱揚州八怪的黃愼、羅聘已不再是禹之鼎的循規蹈矩的風格。黃
>
> 愼的畫筆有氣勢，強調了立體感，可惜格調甜俗……黃愼的花卉，
>
> 有渾樸的情味，比他的人物畫格調高。〔註15〕

從謝稚柳的筆調看來對黃愼藝術創作採「諧俗」審美觀，評價不高。而黃愼在人物畫中體現「諧俗」最爲明顯，黃愼七十歲在〈4409山〉〈絕壁孤舟圖〉〔註16〕（圖4-4）重題款識中論及：

> 此幀乃予壯歲之筆，迄今廿餘年矣，重過邗上，於李君次玉齋頭見
>
> 之，誠大快也。何則？余持管走天涯，凡應成者，指不勝屈，飄零
>
> 淪散寧能記憶乎？而如此種尤少，蓋人亦不好，予亦不作。李君愛
>
> 之而藏之，賞識牝牡驪黃之外，永爲鑒別之士，遂書數語于右，并
>
> 續一絕：夜雨寒潮憶敝廬，人生只合老樵漁；五湖收拾看花眼，歸
>
> 去青山好著書。時乾隆丙子小春七十老人愼重題。

〔註11〕 謝堃：《書畫所見錄》，刊於丘幼宣著：《一代畫聖——黃愼研究》，福州，福建教育出版社出版，2002年9月，998頁。

〔註12〕 黃愼著，丘幼宣點校：《揚州八怪詩文集　蛟湖詩鈔》，南京，江蘇美術出版社出版，1987年8月1日，5頁。

〔註13〕 三民書局大辭典編纂委員會：《大辭典（下）》，臺北，三民書局股份有限公司出版，2000年6月，4473頁。

〔註14〕 同上註，《大辭典（上）》，277頁。

〔註15〕 丘幼宣：《一代畫聖黃愼研究》，1003頁。

〔註16〕 〈絕壁孤舟圖〉，出自《癭瓢山人黃愼書畫集》。

圖 4-4　〈4409 山〉〈絕壁孤舟圖〉

　　黃慎論及「蓋人亦不好，予亦不作」，黃慎自己點出其創作情思與題材選擇會考慮購畫者之所好，人們喜愛代表有廣大的藝術市場，黃慎身為職業畫家，在畫作銷售前提下，必會取捨繪畫市場品味，如何在己身繪畫創作情思與購畫者審美喜之間，取得一平衡，是黃慎繪畫生涯重要的課題，而黃慎採取的方法為「諧俗」，黃慎的人物畫體現「諧俗」的部分最顯著，可從題材與表現形式來看：

（一）題材選擇

　　黃慎人物畫中以歷史故事與神話傳說佔大宗，人物畫中品硯、簪花與賞花的題材常出現，這和揚州當時的社會風尚有關，據《揚州畫舫錄》中所記載：

> 揚人無貴賤皆戴花，開明橋每旦有花市……每花朝，於對門張秀才

家作百花會，四鄉名花集焉。〔註17〕

亦有「揚州芍藥冠天下」〔註18〕之說，黃愼客居揚州頗能體會此類生活情趣，常將此型題材入畫，更將揚州人喜愛之傳說「韓琦簪花」的金帶圍吉祥典故創作多件作品。這種表現法也被應用在神話傳說的作品中，黃愼所畫的神話傳說中多爲受民間歡迎的鍾馗、麻姑，壽星及八仙，黃愼筆下的鍾馗不似傳統畫作中威猛之態，多了一份文人的清雅，與鍾馗搭配的寶劍有些換爲笏板及蝙蝠之類，文人化的鍾馗與持著笏板象徵節節高升的意涵，是黃愼融合雅俗二種美學觀的結果，麻姑祝壽及壽星圖式亦是相同的法則運作，此類作品黃愼創作量頗豐，可想見當時應是十分受到繪畫市場歡迎。

（二）表現形式

在前文論及黃愼題材選擇考慮「諧俗」，在筆墨表現形式上亦是，黃愼「初至揚郡，仿蕭晨、韓範輩工筆人物，書法鍾繇，以至模山範水，其道不行……於是變楷爲行，變工爲寫……變書爲大草，變人物爲潑墨大寫，於是其道大行矣。」〔註19〕謝堃說明黃愼初至揚州的繪畫筆墨形式轉變，雖過於簡單化，但可看出黃愼筆墨形式一個大方向的改變，黃愼「初至揚郡，其道不行」當然是早期習寫眞畫，工匠氣息未脫，「變楷爲行，變工爲寫」是黃愼力圖擺脫寫眞書畫帶來負面影響所用的方法，在繪畫作品中加入書法性的線條，即草書入畫，誠如郎紹君在《揚州畫派書畫全集・黃愼》序中所談：

> 懷素草書到了黃愼手裏，變爲破毫禿穎，化聯綿不斷爲時斷時續，筆意更加跳蕩粗狂，風格更加豪宕奇肆。以這樣的書法入畫，其行筆必速，點畫如風捲落葉，不復細軟筆畫的長短肥瘦，韻致的清和悠長……這種快速運筆形成的恣肆風格，上承明代花鳥畫家白陽、青藤，黃愼把這種揮洒迅疾如風、縱橫排奡的作風引入人物畫，帶給當時畫壇的新穎感與刺激，是可以想像的。〔註20〕

郎紹君認爲黃愼以草書入畫是上承明代陳淳與徐渭，徐渭與陳淳草書入畫是運用在花鳥畫中，而黃愼將草書筆法內縱橫排奡的線條用在人物畫，在當時

〔註17〕 李斗：《揚州畫舫錄》，北京，中華書局出版，2007 年 9 月，49 頁。

〔註18〕 同上註，230 頁。

〔註19〕 謝堃：《書畫所見錄》，刊於丘幼宣著：《一代畫聖——黃愼研究》，998 頁。

〔註20〕 郎紹君：〈黃愼與他藝術〉，刊於張萬夫主編：《揚州畫派書畫全集》，天津，天津人民出版社，1998 年 12 月，5 頁。

畫壇確實是耳目一新。黃愼此種在題材與筆墨形式上將雅俗審美觀融合，俗中帶雅，雅俗共賞的表現手法，在雅的方面，過往文人畫畫家不願入畫之庶民題材，黃愼將其表現在創作中，把傳統民俗神仙畫的角色賦予文人清雅形象，擴大了文人畫題材及思想內涵的空間；在俗的一面，以文人書法性線條入畫，以一般民眾較喜愛之神話傳說與歷史故事題材以文人畫手法表現，促使普羅大眾審美情趣的提昇，單一的清雅審美觀，轉化為多面向的審美意趣。

第二節　筆墨線質變化

　　線條最早在繪畫中之功能為表現物象外形，從兒童塗鴉到中西繪畫皆然，中國水墨畫更以毛筆之特性，隨著用筆的快慢疾徐及頓挫起伏，呈現線質粗細變化與不同速度所產生輕重虛實的線條，再由勾勒取形創造出物象質感與空間關係，進而傳達作者的創作情思。換言之，線條在中國水墨畫所佔部分，即是繪畫造型手段，也是作者思想情感的載體。

　　黃愼繪畫的線質變化在人物畫中表現較為明顯，而從黃愼人物畫線質變化亦可一窺其人物畫風格之漸變，謝堃在《書畫所見錄》中說到黃愼：

> 初至揚郡即仿蕭晨、韓範輩工筆人物，書法鍾繇，以至模山範水，其
> 道不行。於是閉戶三年，變楷為行，變工為寫，於是稍稍有倩託者。
> 又三年，變書為大草，變人物為潑墨大寫，於是道大行矣。〔註21〕

　　綜觀黃愼有紀年書畫作品，依謝堃「三年一變」說法，不盡然正確，以筆墨形式論，早期師法上官周的工筆鐵線描風格，中期至揚州後以草書筆法入畫的線條，到乾隆年間後期出現的粗筆大筆寫意風格，但黃愼晚年亦作工筆畫，整體以兼工帶寫式作品最多。

一、早期工筆細緻秀麗

　　鄭績在《夢幻居畫學簡明》將人物畫的表現分為意筆、逸筆及工筆三種類型，他就工筆畫的特色說明：

> 工筆如楷書，但求端正不難，難於筆活。故鬚髮絲毫不紊，衣裳錦

〔註21〕謝堃：《書畫所見錄》，刊於丘幼宣著：《一代畫聖──黃愼研究》，福州，福建教育出版社出版，2002年9月，998頁。

繡儼然，固爲精巧，尤貴筆筆有力，筆筆流行，庶脫匠派。欲脫匠
派，先辨家法。筆法爲下手功夫，故衣紋用筆有流雲、有折釵、有
旋韭、有淡描、有釘頭鼠尾，各體不同，必須考究，然後胸有成竹
法。〔註22〕

鄭續所論工筆畫「端正不難，難於筆活……筆法爲下手功夫，故衣紋用
筆有流雲」，黃慎工筆人物畫師法上官周，畫風細膩秀雅，筆法變化靈活，大
多創作於康熙末年與雍正初期年間，筆者目前可見黃慎最早作品爲33歲時所
作〈碎琴圖〉〈3301人〉（圖4-5）〔註23〕，此扇面描寫唐詩人陳子昂碎琴故
事，故事主角陳子昂立於畫面左側，雙手高舉一石頭，欲向面前一琴投下，
陳子昂右側共12人，動作神態有勸阻、好奇、著急、漠然、仰天長嘆等，人
物描寫神態生動，形體準確，衣紋用鐵線描繪，線條流暢，畫面左上角題「碎
琴圖，己亥秋七月寫於濰陽客舍，江夏盛。」

圖4-5 〈3301人〉〈碎琴圖〉

另有天津市歷史博物館藏《故事人物冊》〈3401人〉爲康熙五十九年所
作，作品內容皆爲人物故事，均使用工筆細緻的傳統鐵線描與游絲描表現畫

〔註22〕 鄭續：《夢幻居畫學簡明》，刊於俞劍華編：《中國古代畫論類編》，北京，人
民美術出版社，2007年11月，571頁。
〔註23〕 〈碎琴圖〉，首都博物館藏，出自《癭瓢山人黃慎書畫集》。

中人物神韻與動態，如〈洛神圖〉〔註24〕、〈漁家樂圖〉、〈陶淵明飲酒圖〉、〈琴趣圖〉、〈有錢能使鬼推磨〉、〈家累圖〉、〈西山招鶴圖〉〔註25〕、〈郭橐駝種竹圖〉及〈絲綸圖〉。

圖 4-6
〈3401-1 人〉〈洛神圖〉局部

圖 4-7
〈3401-8 人〉〈西山招鶴圖〉局部

雍正二年（1724）黃慎初到揚州所繪工筆折扇〈金帶圍圖〉〈3803 人〉〔註26〕，人物衣紋體態亦是使用中鋒運筆為主的游絲描與鐵線描。

這時期黃慎作品線質特色，使用工整細緻的傳統鐵線描與游絲描，粗細勻稱，線條寬度變化較小，用提筆按動作不明顯，線條轉折採用圓弧角度較多；描寫人物動態生動，比例準確，線條表現尚未脫離上官周的影響。不僅是工筆設色作品，在 36 歲所作的〈五老圖〉〈3601 人〉〔註27〕雖以兼工帶寫表現，但線條整體表現方式，仍與此時期工整細緻風格相近。

〔註24〕　〈洛神圖〉，25×24.3cm，天津歷史博物館藏，出自《揚州畫派》。
〔註25〕　〈西山招鶴圖〉，25×24.3cm，天津歷史博物館藏，出自《揚州畫派》。
〔註26〕　〈金帶圍圖〉，上海博物館藏，出自《揚州畫派》。
〔註27〕　〈五老圖〉，126.5×61.5cm 遼寧旅順博物館藏，出自《揚州畫派書畫全集·黃慎》。

圖 4-8
〈3803 人〉〈金帶圍圖〉局部

圖 4-9
〈3601 人〉〈五老圖〉局部

二、中期兼工帶寫融入草書筆法

　　清代中期，揚州爲全國貿易中心，富商巨賈雲集，揚州以鹽業富甲一方，經濟繁榮也促使文化藝術振興。雍正二年（1724），黃愼來到揚州，揚州當時爲清代極爲繁榮的繪畫市場，黃愼繪畫風格也在此時出現轉變，尤其是人物畫變化較明顯，此時期人物畫，大部分爲工筆兼寫意的作品，也有較率性筆意的簡筆人物畫，工筆畫此時期仍有數幅。鄭績在《夢幻居畫學簡明》將人物畫兼工帶寫的表現稱爲逸筆，他就逸筆畫的特色說明：

> 所謂逸者工意兩可也。蓋寫意應簡略而此筆頗繁，寫工應幼致而此
> 筆頗粗，蓋意不太意，工不太工，合成一法，妙在半工半意之間，
> 故名爲逸。〔註28〕

鄭績以介於工筆與意筆之間的兼工帶寫表現，又以「逸筆」爲名，說明這類作品妙在「半工半意之間」，黃愼此類兼工帶寫式作品佔其創作量多數，此處以黃愼初次至揚州期間作品，對其兼工帶寫作品作一探討。

〔註28〕 鄭績：《夢幻居畫學簡明》，刊於俞劍華編：《中國古代畫論類編》，北京，人
　　　　民美術出版社，2007 年 11 月，572 頁。

　　以黃慎初到揚州所作〈愛梅圖〉〈3802人〉〔註29〕整體而言，此圖人物眼部及手掌均使工細線形描繪，衣紋身形用濃淡墨較粗線條交替勾勒，用筆大部分是中鋒行筆，衣紋轉折角度偏向圓弧，用筆提按動作不明顯，小僮與老者衣紋線條運筆速度表現，明顯不同，黃慎此時開始嘗試使不同線條表現質感互異的物體。

　　〈攜琴仕女圖〉〈3801人〉〔註30〕本圖人物衣紋線條，乾濕並用，快慢交替，輔以濃淡墨塊，創造出衣物虛實的質感，在衣袖及裙子下方用類似花鳥畫及山水畫中處理山石及樹枝的中側鋒並用線形表現，此部分處理人物造型線條運用的手法，在之後作品表現更明顯，且成為黃慎作品中的一大特色，款文中「醉後漫寫」，可想見黃慎在酒酣耳熱之際，充滿自信起筆速寫出此作，為黃慎兼工帶寫早期優秀代表的作品。

圖 4-10	圖 4-11
〈3802人〉〈愛梅圖〉局部	〈3801人〉〈攜琴仕女圖〉局部

〔註29〕　〈攜琴仕女圖〉，泰州市博物館藏，出自《揚州畫派書畫全集・黃慎》。
〔註30〕　〈愛梅圖〉，廣州美術館藏藏，出自《揚州畫派書畫全集・黃慎》。

　　黃慎在四十歲所作的〈採芝圖〉〈4002 人〉〔註31〕，此圖可看出黃慎在年少學習「寫眞」所立下寫實的根基，行筆快速流暢，線條繁複描寫，但人物神態，身形結構依然準確。

　　〈來蝠圖〉〈4408 人〉〔註32〕老人臉部五官及長鬚用工細線條畫出，手部亦同，線條起伏較明顯，老者衣紋中側鋒並用的線質，畫出老人準確的形體，濃淡線並施，袖口以淡墨大筆塗刷，衣紋摺角線條有較尖銳的角度出現，類似山水畫中表現山石的技法。

　　〈張果老圖〉〈4503 人〉〔註33〕整體線條與同期創作之作品相比，寬度較粗，虛筆飛白亦較多，爲後期粗筆大寫意試探新的可能性。畫面左上題「雍正九年四月作於廣陵美成草堂，癭瓢山人。」

圖 4-12
〈4002 人〉〈採芝圖〉局部

圖 4-13
〈4408 人〉〈來蝠圖〉局部

〔註31〕　〈採芝圖〉，114.5×60cm，廣州市博物館藏，出自《揚州畫派書畫全集・黃慎》。
〔註32〕　〈來蝠圖〉，101.5×48.5cm，出自《西泠印社 2009 春拍賣目錄》。
〔註33〕　〈張果老圖〉，171×70cm，廣州市美術館，出自《黃慎書畫集》。

圖 4-14　　　　　　　　　　圖 4-15
〈4503 人〉〈張果老圖〉局部　　〈4803 人〉〈鍾馗倚樹圖〉局部

　　〈鍾馗倚樹圖〉〈4803 人〉〔註 34〕黃慎於雍正十二年（1734 年）端午所作，畫中松樹幹自右下角至左下角延伸，松枝再由右上伸入畫面上方，鍾馗居構圖左側，頭戴帽，右臂彎曲倚在松樹幹上，左手掌握鬚鬚，下半身在松樹幹後，鍾馗身後有一石爲背景，自右方橫至畫面中央，鍾馗爲寬臉、濃眉大眼，雙眼注視右上方的蝙蝠，鍾馗身形衣紋描寫，筆力強健，線條勁挺，似用硬毫所作，中側鋒並用，與前面所提到用畫山石及樹木線條畫衣紋的手法，此圖更明顯，線條頓挫效果更強，偏工硬但不致於刻板，圖右以草書題：「雍正十二年端陽日，閩中黃慎敬寫。」

　　〈鍾馗圖〉〈5101 人〉〔註 35〕此圖線質表現，鍾馗頸部到腰部以一條線畫出，從頸部起筆，稍按即提，形成一個頓挫，至肩部再落筆，中鋒線條徐行道手肘，迅速提筆再重按轉折，線條圓轉，再以淡墨側鋒起筆轉中鋒，畫出

〔註 34〕　〈鍾馗倚樹圖〉，99.2×65.7cm，揚州市博物館藏，出自《揚州畫派書畫全集‧黃慎》。

〔註 35〕　〈鍾馗圖〉，泰州市博物館藏，出自《揚州畫派書畫全集‧黃慎》。

圖 4-16 　　　　　　　　圖 4-17
〈5101 人〉〈鍾馗圖〉局部　　　〈書 20〉〈草書五律〉局部

 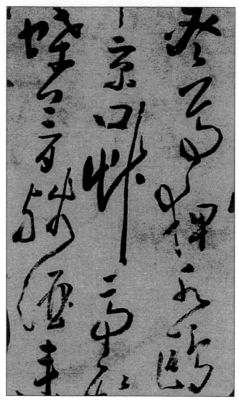

衣袖的部分，衣紋的線條流暢簡潔，墨色亦隨著用筆力量及速度快慢產生濃淡，虛實的變化，也就是前人論及黃慎以「草書入畫」的具體表現，黃慎在人物畫線描出現「草書入畫」形式的線描，成為黃慎雍正年間以後創作人物畫的一大特色，在探索黃慎草書與繪畫之關聯前，先就黃慎草書形式美探討，黃慎草書源自二王、懷素、顏魯公及孫過庭，有懷素的飛動奔放氣勢，亦有顏眞卿的厚重豪邁，在此書法根基上提供繪畫線條變化的基礎，細線可秀麗勁挺，粗線能厚重古樸，提按、轉折及頓挫皆可流暢自如。而黃慎在「草書入畫」的過程中，筆者認為主要是取草書線條美及氣韻美二者運用在作品內。線條美主要採中鋒與側鋒交互使用所得到的效果，所謂中鋒用筆，根據實際的書寫經驗是筆鋒在點畫中間運行，而筆頭飽含的墨汁順著筆尖流到紙張上，使墨汁在紙張上滲透時，線條不至於有上下不齊，左右不均之弊，進而讓寫出的點畫豐厚，勁挺，富有立體感。而側鋒是起筆時以側取勢，筆鋒側

下與紙張接觸，筆鋒在點畫側邊運行，但筆鋒並非從開始至結束都在側邊，行筆至中間筆鋒已轉至中鋒，這是一瞬間的動作，但已產生用筆的變化，使點畫有不同的形態。側鋒運筆優點在快速、變化及妍美，因起筆動作較簡單，能節省一些筆鋒調整的時間，使起筆速度加快，輔以筆鋒正、側、虛及實的使用，使點畫表現出峻利變化的造型及峭險奇崛的妍美情趣，這是一般單純中鋒行筆所無法達到的效果，而這部分在草書的線條美上表現的最具體。朱和羹《臨池心解》論及：

> 凡作一字，上下有承接，左右有呼應，打疊一片，方爲盡善盡美。
>
> 即此推之，數字，數行，數十行，總在精神團結，神不外散。〔註36〕

一字之中，點畫要有呼應承接，字與字間，行與行之間再求「氣」的貫通，而此「氣」的貫通，主要依靠上下單字之間斜正的變化，有揖有讓，左右瞻顧，有時依順勢的露鋒承上啓下，有時用急速的回鋒以保其勢，如此方可在靜態的宣紙上表現出動態的感覺，這種氣勢因用筆得勢得力，熟中易生巧，能淋漓酣暢，在黃慎的作品中特別可以明顯感受到此誇張的氣勢。而黃慎人物畫作品中，草書線條主要表現人物型體結構及衣紋質感，線條轉折變化，運用在表現形體輪廓上亦不使外形失真，有些線條會利用粗筆大掃造成類似色塊的效果，來表現輪廓之內的結構形體變化，黃慎以「草書入畫」的線條描寫人物，除表現出衣紋形體變化外，在動態畫面處理上，人體結構及衣飾外形表現準確且更具動感。

兼工帶寫時期用筆及線質特色：

1. 用草書筆法入畫，線條粗細變化大，中側鋒並施，用筆遲速疾徐差異大，提按動作增強，起伏強弱明顯。
2. 明暗線重複交疊，虛實線條交替使用。
3. 採山水及花鳥畫中畫樹石線條，畫人物形體衣紋。
4. 人物五官，鬍鬚及手部多用工細線描，衣紋用較粗線條頓挫增強，轉折角度較尖，工硬不至於刻板，在工細與豪放之間取得統一的視覺效果。
5. 描寫仕女及平民線條較軟，文人及官服線質較硬，轉折較強，用相異線質描寫不同質感布料之衣服。
6. 帽冠、衣飾、袖口摺線及領口通常用重墨粗線。

〔註36〕季伏昆編：《中國書論輯要》，南京，江蘇美術出版社，2000年12月，304頁。

三、粗筆大寫意

乾隆年間後期，黃慎在兼工帶寫圖式外，作品的筆墨形式又出現以大筆粗線條，描繪人物的創作，如〈人 019〉〔註37〕。此類粗筆大寫意的作品，如許齊卓所說黃慎作畫的狀況：

> 淨端，磨古墨，濡名筆，以待其至。至則解衣磅礡，譚玄道古，一日永夕，若忘其爲欲畫也者。促之再三，急索酒，力固不勝酒，一甌輒醉。醉則興發，濡髮舐筆，頃刻颯颯可數十幅。〔註38〕

圖 4-18 〈人 019〉〈鐵拐醉眠圖〉

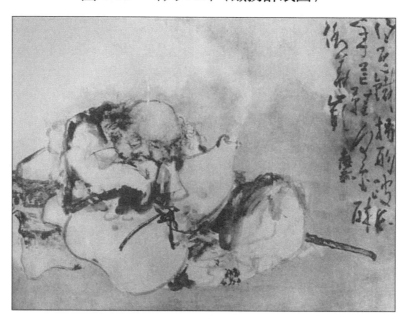

清涼道人謂黃慎：

> 其畫初視如草稿，寥寥數筆，形模難辨，即離紙丈餘視之，則精神骨力出焉。〔註39〕

可見黃慎在創作此類大寫意作品時，寥寥數筆便成，筆墨操控精熟，作

〔註37〕 〈鐵拐醉眠圖〉，135×168.6cm，天津藝術博物館藏，出自《揚州畫派書畫全集·黃慎》。

〔註38〕 許齊卓：〈癭瓢山人小傳〉，刊於黃慎著、丘幼宣點校：《揚州八怪詩文集·蛟湖詩鈔》，南京，江蘇美術出版社出版，1987 年 8 月 1 日，1 頁。

〔註39〕 清涼道人：《聽雨軒筆記》，刊於丘幼宣著：《一代畫聖黃慎研究》，福州，福建教育出版社出版，2002 年 9 月，992 頁。

畫速度是非常快，在運筆快速下人物形象依然準確，根基於寫眞畫立下寫實
能力，如鄭績在《夢幻居畫學簡明》將此類粗筆大寫意分爲意筆說：

> 意筆如草書，其流走雄壯，不難於有力，而難於靜定。定則不漂，
> 靜則不躁。躁則浮，漂則滑，滑浮之病，筆不入紙，似有力而無力
> 也。用浮華之筆寫意，作大人物固無氣勢，即小幅亦少沉著。作大
> 人物衣紋筆要雄，墨要厚，用筆正鋒，隨勢起跌，或淡或濃，順筆
> 揮成，毋復改削，庶雄厚中不失文雅。若側筆橫掃，雖似老蒼，實
> 爲粗俗，殊不足尚，宜鑒戒之。人物寫意，其鬚髮播破筆寫起，再
> 用墨水渲染，趁濕少加濃焦墨幾筆以醒之，雖三五筆勢，望之有千
> 絲萬縷之狀，意乃超脫。〔註40〕

按鄭績的說法，意筆不難於有力，而難於定靜，即所謂易放難收之理，而
黃慎粗筆大寫意作品，有些確如鄭績所言，較有滑浮漂躁之病如〈人 162〉
〔註41〕、〈人 153〉〔註42〕、〈人 152〉〔註43〕。

圖 4-19　　〈人 162〉〈李鐵拐像〉局部

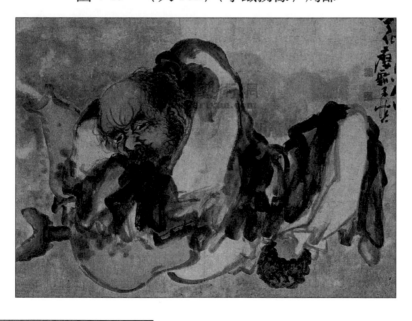

〔註40〕　鄭績：《夢幻居畫學簡明》，刊於俞劍華編：《中國古代畫論類編》，北京，人
　　　　民美術出版社，2007 年 11 月，572 頁。
〔註41〕　〈李鐵拐像〉，163×134cm，出自中國嘉德 2008 春季拍會目錄。
〔註42〕　〈迎福降祥圖〉，196.5×104cm，出自北京翰海 2006 秋拍賣會目錄。
〔註43〕　〈壽星圖〉，235.5×119cm，出自北京翰海 2006 秋季拍賣會目錄。

圖 4-20
〈人 152〉〈迎福降祥圖〉局部

圖 4-21
〈人 153〉〈壽星圖〉局部

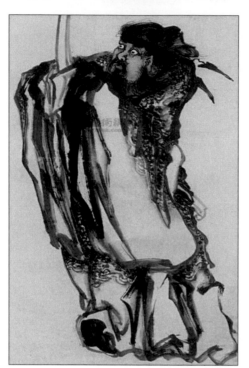

　　葛嗣浵在《愛日吟廬書畫續錄》中說：

　　　惟筆墨縱橫，風馳雨驟，能將是人之體態於數筆中傳出。〔註44〕

顯見大寫意並非寥寥數筆，皆可得佳作，黃慎為職業畫家，應酬之畫作當不
在少數，粗筆大寫意的作品，得到當代及後世褒貶最多，如秦祖永論：「筆
意……筆過傷韻」，郎紹君在〈黃慎與他藝術〉中論及：

　　　運筆一昧求速，過分外露，雖不失於甜，因有其生辣蒼勁的一面，

　　　却失之於張肆……黃賓虹批評揚州畫派筆墨有時流於市井江湖氣，

　　　在黃慎的筆墨裏可以找到踪迹。〔註45〕

黃慎大寫意的作品如一體二面，好的一面具有雄渾壯闊的陽剛之美，負面則
是過於誇張與放肆。從藝術創作的角度，此種粗筆大寫意，縱筆狂寫，橫塗

〔註44〕葛嗣浵：《愛日吟廬書畫續錄》，刊於丘幼宣著：《一代畫聖——黃慎研究》，
　　　福州，福建教育出版社出版，2002 年 9 月，1001 頁。

〔註45〕郎紹君：〈黃慎與他藝術〉，刊於張萬夫主編：《揚州畫派書畫全集》，天津，
　　　天津人民出版社，1998 年 12 月，6 頁。

豎抹，線條雄強，氣勢宏偉，但形態仍逼眞，雖未必件件佳構，但從藝術創作的角度，求新與求變，還是很值得肯定的。

第三節　構圖造型

　　中國畫中章法即是畫面的佈局，就是所謂的構圖，謝赫在「六法」中稱「經營位置」，畫面講究立意取景，根據畫面需要運用賓主、虛實、繁簡等法則，巧妙處理畫面中主題、背景或留白處，使作者的創作情思藉由筆墨表現出來。本節將以強調主題、賓主呼應、光影與透視運用三方面來探討黃慎的作品。

一、強調主題

　　黃慎爲突顯主題，常常將畫面背景省去，此種主題單一呈現在畫面的中間，佔去構圖大部分的空間，較無佈局之問題，主角可偏右或偏左，背景簡潔留白，觀者視覺焦點可完全放在主題上，去感受畫中主角形象，進而理解黃慎的創作情思，此類單一式構圖黃慎常用於描寫歷史神話人物或仕女，以表現其人物個性，如圖，此類獨立形象構成之作品，黃慎會將畫中人物視點，朝向畫面左右，俯視或仰視，絕少將畫中人物目光注視畫面正前方，營造人物主角似乎若有所思，正思考或遙想某些情思，（圖 4-22）此類構圖，優點爲主體被強化突顯，安排不當亦可能過於單調，黃慎此種強調單一主題的構圖，花鳥畫應用較人物畫靈活，（圖 4-23）當是人物有其形體結構限制，不得任意挪用變化。

圖 4-22

| 3902 人 | 4003 人 | 4301 人 | 4506 人 |

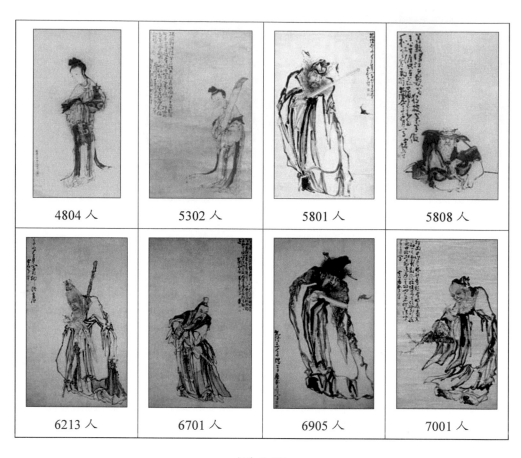

4804 人	5302 人	5801 人	5808 人
6213 人	6701 人	6905 人	7001 人

圖 4-23

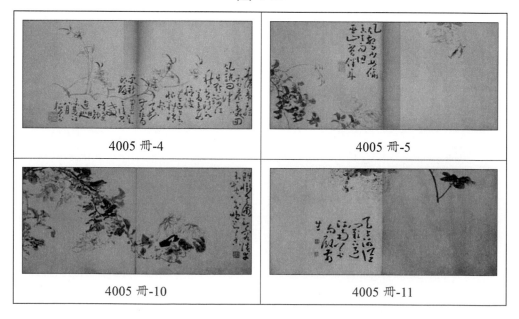

4005 冊-4	4005 冊-5
4005 冊-10	4005 冊-11

二、賓主呼應

　　此種構圖，黃愼應用共分爲三類，第一類較簡單，畫中只有二種角色，一強一弱，一動一靜，黃愼常將此類佈局的應用在歷史人物與漁翁漁婦（圖4-24），此類作品人物目光與動勢多有呼應，而麻姑圖式與前述形式較不同（圖4-25），麻姑與靈獸一以動勢，一採靜態，黃愼在處理二者主題時，除利用姿態、動勢產生呼應，會刻意將二者目光注視在不同之處，在人物整體動感與形態外，運用眼神方向性，讓畫面產生較細微的變化。

圖 4-24

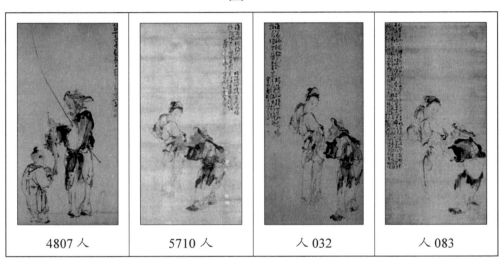

| 4807 人 | 5710 人 | 人 032 | 人 083 |

圖 4-25

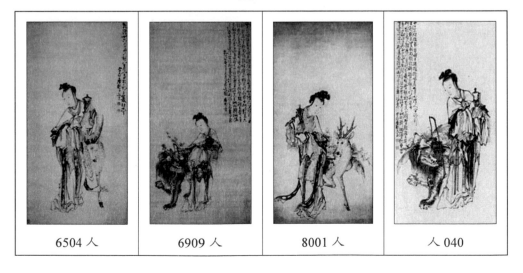

| 6504 人 | 6909 人 | 8001 人 | 人 040 |

第二類爲一男二女式的安排，常用在韓琦簪花圖或李鄴侯賞花圖式（圖4-26），此種構圖多爲三到四人，分爲二組，一主一從，黃慎處理三至五人群像構圖佈局常用之方式，採同一底稿，形式構成太過雷同、爲黃慎創作上較不足取之處，此爲職業畫家以畫作謀生餬口時，難以圓滿之處。

圖 4-26

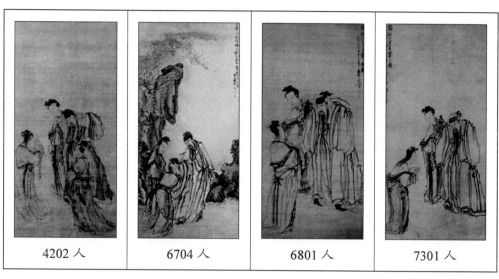

| 4202 人 | 6704 人 | 6801 人 | 7301 人 |

圖 4-27

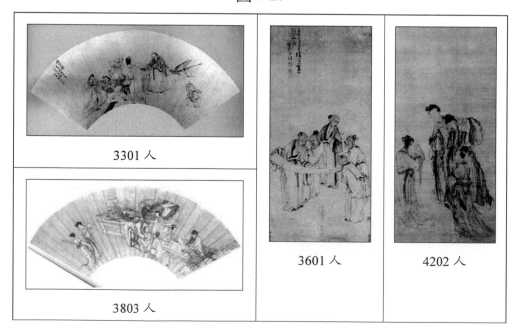

3301 人

3803 人

3601 人

4202 人

| 5802 人 | 6903 人 | 7604 人 |

　　第三類為多人式群像，此類構圖多用五人以上構成，黃慎三十八歲所繪工筆扇面便可看出其處理群像的傑出安排能力，佈局精到，十人動態無一類同，背景描繪恰如其處，使畫面空間感與時間感更完善，觀者更易受畫面感染，如歷其境。而〈群盲聚訟圖〉〈5802 人〉又是另一佳構，人物形態，佈局構成圖像戲劇畫面的張力。而此類群像亦與前項一般，將人物分二組，依人物主從強弱安排，構成畫面（圖 4-27）。

三、光影與透視運用

　　我們眼中所見自然界的景色因受光線照射而有明暗變化，而中國繪畫中主體情感表現與客體形象描繪二者間的平衡，依作者的取捨，而元代文人畫興起後，主體情感表現與畫面筆情墨趣呈現，顯然是在客體的形象追求之前，黃慎少年習寫真，就物象形體描寫自然有一定磨練，丁皋對人物寫真提出論點：

> 凡天下之事事物物，總不外乎陰陽。以光論，明曰陽，暗曰陰。以宇舍論，外曰陽，內曰陰。五物而論，高曰陽，底曰陰。以培塿論，凸曰陽，凹曰陰。豈人之面獨無然乎？惟其有陰有陽，故筆有虛有實。惟其有陰中之陽，陽中之陰，故筆有實中之虛。虛者從有至無，渲染是也。實者著跡見痕，實即陰之裡也，故高低凸凹，全憑虛實，陰陽從虛而至實，因高而至低也。〔註46〕

所以在寫真畫早有明暗的觀念，既所謂陰陽虛實，黃慎少年習寫真，必有受明暗觀念與表現技巧訓練，而傳教士利瑪竇將西方繪畫的光影變化描寫方法傳入中國，此種時代風氣的變遷與繪畫表現技法多元化，身為畫家的黃慎不可能

〔註46〕 丁皋：《寫真秘訣》，俞劍華編：《中國古代畫論類編》，北京，人民美術出版
　　　　社，2007 年 11 月，548 頁。

無感受，是否要運用在作品內，黃慎受過寫真訓練，當有其能力表現，其餘只是畫家個人主體審美意識的選擇，從黃慎作品內可見，黃慎已嘗試將部分形象運用西方明暗變化手法表現（圖4-28）。中國繪畫常採用散點透視來表現畫面，不特別強調實景的定點透視，而在黃慎部分畫作中也偶可見運用定點透視觀念創作作品（圖4-29）﹝註47﹞，也有另一番新意及趣味，此法非黃慎不擅，非其創作主流，雖稱不上融合中西畫法，但在當時已開其先聲。

圖 4-28	圖 4-29
	〈人 095〉〈風塵三俠圖〉

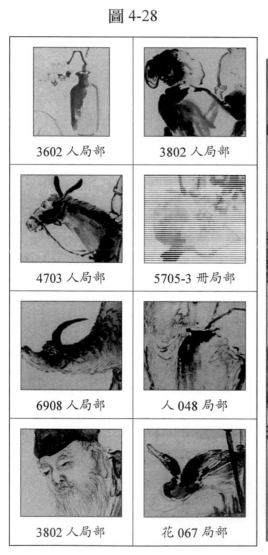

3602 人局部　　3802 人局部

4703 人局部　　5705-3 冊局部

6908 人局部　　人 048 局部

3802 人局部　　花 067 局部

﹝註47﹞ 〈風塵三俠圖〉，106×51cm，重慶市博物館藏，出自《揚州畫派書畫全集・黃慎》。

第五章 結 論

第一節 閩 習

　　黃慎晚期以草書筆法入畫，用粗筆大寫意寫人物衣紋造型，橫塗直抹，氣勢磅礴，線條跌宕起伏，粗筆重墨，極為率意。此種粗筆大寫意呈現雄強渾厚，略帶張揚的作品風格，在閩地一帶流傳甚廣，且黃慎本身又出於福建，故近代學界都以受黃慎畫風影響之作品稱為「閩習」，使黃慎成為所謂「閩習」的代表人物。

一、「閩習」概念

　　「閩習」一詞，在史論上較早見到的是張庚在《國朝畫徵錄》中對閩籍畫家上官周有下列評語：

　　　　有筆無墨，尚未脫閩習也；人物功夫老道，亦未超逸。〔註1〕

　　張庚對黃慎的老師上官周評為有筆無墨，故未超逸，此處對「閩習」的概念為有筆無墨，尚未論及「閩習」粗筆大寫意、雄強渾厚的畫風。

　　而張庚《浦山論畫》中又說：

　　　　畫分南北始於唐世，然未有以地別為派者，至明季方有浙派之目。
　　　　是派也始於戴進，成於藍瑛。其失蓋有四焉：曰硬，曰板，曰秃，
　　　　曰拙。松江派國朝始有，蓋沿董文敏、趙文席、惲溫之習，漸即於
　　　　纖、軟、甜、賴矣。金陵之派有二：一類浙，一類松江。新安自漸

〔註 1〕　張庚：《國朝畫徵錄》，刊於《清代傳記叢刊》，明文書局出版，71～156 頁。

師以雲林法見長，人多趨之，不失之結，即失之疏，是亦一派也。

羅飯牛崛起宵都，挾所能而遊者會，名動公卿，士夫學者於是多宗，

近謂之西江派之派，蓋失之易滑。閩人失之濃濁，北地失之重拙。

之數者其初未嘗不各自名家而傳仿漸陵夷耳。〔註2〕

張庚在本文中，對其它地域，皆以派曰，獨閩地以閩人失之濃濁，然此失之濃濁的標準何在，當是以人文畫的標準來看。

方薰在《山靜居畫論》中論及：

人知浙、吳兩派，不知尚有江西派、閩派、雲間派，大都閩中好奇騁怪，筆霸墨悍，與浙派相似。〔註3〕

方薰以閩中地區性及地域集合式的筆霸墨悍的畫風，將閩地此類粗筆大寫意畫風冠以「閩派」，此為在美術史論上較早見到「閩派」一詞。前述畫學著作成稿時間依序為《國朝畫徵錄》先於《浦山論畫》及《山靜居畫論》，《國朝畫徵錄》為雍正十三年（1735），《浦山論畫》於乾隆三年（1738），《山靜居畫論》於乾隆五十五年（1790）撰成。〔註4〕

「閩習」一詞於雍正十三年（1735）已出現，且當時是評論上官周有筆無墨，尚未脫閩習也，但在同治二年的《桐陰論畫》秦祖永卻談到黃慎：

筆意縱橫排奡，氣象雄偉，深入古法，所嫌體貌粗豪，無秀雅神逸之趣，未免昔人筆過傷韻之譏，瘦瓢盡氣勢魄力，人莫能及，惜未脫閩習，非雅構也。〔註5〕

秦祖永認為黃慎筆意縱橫，氣勢磅礡，深入古法，但因用筆太過傷韻，所以未脫「閩習」，秦氏亦把粗筆大寫，橫塗直抹一類畫風界定為「閩習」，「閩習」一詞由有筆無墨，秀雅的上官周移至體貌粗豪，無秀雅神逸之趣的黃慎身上，是個有趣的命題，從字義上看來「閩習」的「習」似乎以貶意居多，方薰在《山靜居畫論》中說：

寫意畫最易入作家氣，凡粉披大筆，先須格於雅正，靜氣運神，毋

〔註2〕 張庚：《浦山論畫》，刊於《清人論畫》，長沙，湖南美術出版社出版，2005年3月，418頁。

〔註3〕 方薰：《山靜居畫論》，刊於鄧實，黃賓虹輯，嚴一萍續編：《美術叢書》第12期，臺北縣板橋市，藝文出版社出版，1964年，167頁。

〔註4〕 謝巍編：《中國畫學著作考錄》，上海，上海書畫出版社出版，1998年7月，510、511、553頁。

〔註5〕 秦祖永：《桐陰論畫》刊於《清代傳記叢刊》，臺北，明文書局，年代不詳，371頁。

使力出鋒鍔，有霸悍之氣。若即若離，毋拘繩墨，有俗惡之目。運
筆瀟灑，法在挑剔頓挫，大筆細筆，畫皆如此，俗謂之鬆動。然須
辨得一種是瀟灑，一種習氣。〔註6〕

　　方薰以為寫意畫，須先雅正，不可有霸悍之氣，否則易入俗惡之格，沾
染習氣。方薰將雄強霸悍之氣粗筆寫意畫列入俗惡之目，多少帶有傳統文人
畫清雅審美的觀點視之。清代談論黃慎與「閩習」史論，正面評論是「氣勢
雄偉」、「筆霸墨悍」，從另一面看來是「失之濃拙」、「筆過傷韻」，沈宗騫甚
至將黃慎列入「筆墨惡俗」之輩。他說：

　　當初學時先須屏棄數種惡習，偏覓前古正法。遠則道子、龍眠，近
　　則六如、十洲，類而推之，有不大遠此數家者，不論已臨摹之本及
　　石墨刻，皆可取以為楷式。揣摩久之，筆下自然古雅典則，而有恬
　　然沖和之氣，以之寫聖賢、仙佛及高隱、通達之流，庶幾彷彿其什
　　一。若筆墨惡俗，不但不能得其萬一，且污衊實甚，何可列於尊彝
　　典冊之間耶？自仇唐以來正法絕響，而楊芝、呂學、顧源、董旭及
　　閩中黃慎輩，先後攪擾，百年間人心目若與俱化。〔註7〕

沈宗騫在《芥舟學畫編》中將黃慎列入筆墨惡俗，攪亂人心之輩，而沈宗騫
是以推舉四王，尊崇古法，以師古人為法，對黃慎有此論斷自不足為奇。

　　而前述史論界定「閩習」方薰在《山靜居畫論》中言「閩中好奇騁怪，
筆霸墨悍，與浙派相似」，是從較廣範圍地域性共同表現風格來區分；而張庚
與秦祖永則是以較小範圍的筆墨表現形式的雅俗層次切入論「閩習」。

二、「閩習」與黃慎

　　黃慎早期師法上官周，作品線質以工細為主，至揚州後變為兼工帶寫，
後變為粗筆大寫意，頗受繪畫市場歡迎，又至福建一帶遊歷賣畫，對閩中的
畫家必有相當程度的影響，形成一地域性類似的畫風，現代學界研究黃慎與
「閩習」的關聯，多由此處論，鄭工在〈閩習與閩派之辨〉文中談到：

　　黃慎之前，閩習所指的是福建繪畫的泛傳統，……泛傳統也是傳統，
　　也存在一個共同規範的問題，那就是突出「用筆」，講究筆線、筆力、

〔註6〕　方薰：《山靜居畫論》刊於俞劍華：《中國古代畫論類編上》，北京，人民美術
　　　　出版社出版，2004 年 10 月，236 頁。
〔註7〕　沈宗騫：《芥舟學畫編》，傳神總論，刊於俞建華（注譯）《中國畫論選讀》，
　　　　南京，江蘇美術出版社，2007 年 8 月，451 頁。

筆味。水墨畫出現後，「用墨」異軍突起，又逐漸與「用色」的觀念
並置，甚超乎其上，但「用筆」仍佔主位。﹝註8﹞

鄭工認為在黃慎之前強調「用筆」特色為福建地區繪畫的泛傳統，他還指對
「閩習」的看法：

> 閩習，是在明代福建職業畫家中逐漸形成的一種普遍風格，是一種
> 地域性的歷史沉積，其中蘊含較為濃厚的人文品質。它既有民間職
> 業畫家對「技藝」的執著，又有海邊人的開闊胸襟和山地人的倔強
> 個性。﹝註9﹞

文中對「閩習」的定義，是福建職業畫家的地域性歷史積澱風格，包括對技
藝的執著及地理性的性格。

資深美術史學者王耀庭教授在〈李霞的生平藝事‧兼記「閩習」在臺灣
畫史上的一頁〉中對「閩習」，提出精闢的觀察與詮釋。他說：

> 論明清以來的繪畫，臺灣的「地域性」風格，又為何呢？有所謂的
> 「閩習」一詞，……然而「閩習」的風格又有何特徵呢？簡單的來
> 說是「筆墨飛舞」。也就是畫面的感染力，以一種剎那間能醒目刺
> 眼，用筆用墨都是大膽狂塗恣肆，在短暫的時間內完成大體形象，
> 十足霸氣。﹝註10﹞

王文中所謂的「閩習」風格與黃慎晚期粗筆大寫意畫風若干程度頗為符
合。他又進一步指出：

> 如果用「文－質」的二分法來區別，是一種「質勝於文」的野氣。
> 「野氣」之所以受到臺灣地區的喜愛，乃至於形成風格，顯然又
> 與移民的開疆闢土精神相契合……閩習的「視覺性感刺激力」正足
> 以說明……甚至可以說「俚趣」多於「雅賞」，它來自民間多於宮
> 牆。﹝註11﹞

王耀庭教授謂「閩習」是一種「質勝於文」的野氣。是筆墨形式勝於畫
面氣韻使作品有野氣，或前述移民精神審美趣味使「質勝於文」的作品受歡
迎，使「閩習」式的藝術創作在當時福建及臺灣風行。莊伯和在〈明清臺灣

﹝註8﹞ 鄭工：〈閩習與閩派之辨〉，《美術史研究》第 2 期，2000 年，32 頁。
﹝註9﹞ 鄭工：〈閩習與閩派之辨〉，《美術史研究》第 2 期，2000 年，37 頁。
﹝註10﹞ 王耀庭：〈李霞的生平藝事‧兼記「閩習」在臺灣畫史上的一頁〉，《臺灣美術》
第四卷第一期 NO13，1991 年，47 頁。
﹝註11﹞ 同上註。

書畫談〉中提到黃慎與「閩習」的關係，他說黃慎：

> 作畫特色是以曲折激烈，恣肆的筆致中完成形象，他利用草書筆法
> 作畫，揮灑迅疾如風，傾刻立就，初視如草稿，寥寥數筆形模難辨，
> 即離丈餘視之，則顯精神骨力，所謂「閩習」在黃慎的作品中是表
> 露無遺的，尤其是以墨爲主調的特色，它的變形人物，充滿誇張表
> 情，常常強調衣紋的粗放描法，製造獨特氣氛，這種閩派作風，其
> 實非黃慎所特有，而是根植於福建的地方樣式。〔註12〕

莊文中認爲黃慎作品中十足體現「閩習」風格，且非黃慎所特有，是福建的地方樣式。胡懿勳在〈黃慎人物畫風格的社會性因素——兼論黃慎與閩派的關係〉中談到：

> 閩派風格屬長期積澱而成的地方性集合式的歸整，而非一時一地所
> 即刻成形的繪畫團體。因此，閩派風格是黃慎晚期風格成熟，並在
> 畫壇中擁有盛名以後，回過頭影響當地畫家所集合而成的地方性風
> 格。〔註13〕

不論是何種論點，近年研究黃慎與「閩習」關係的學者大多認爲閩地本有浙派影響，而黃慎晚期粗獷豪放的大寫意人物畫，在繪畫市場上受到歡迎，使閩地一帶的畫家畫風發展向此風格靠攏，採用粗筆豪放，獷悍凌厲誇張式的大寫意創作人物畫，進而形成一地域性的「閩習」。

三、「閩習」、黃慎與臺灣

　　黃慎在乾隆十四年受到友人楊開鼎的邀請至臺灣旅遊，後因故未成行〔註14〕，但黃慎的繪畫風格，依然對當時臺灣有一定的影響，莊素娥在〈揚州八怪對臺灣早期水墨畫的影響〉文中指出：

> 雖然黃慎本人渡臺未成，但他對臺灣早期畫家的影響，除了透過畫
> 跡的散佈流傳外，也常透過他的追隨者，對臺灣產生極大之影響力，
> 臺灣早期的人物，不論是文人或民間畫家，幾乎都是黃慎的畫風，

〔註12〕莊伯和：〈明清臺灣書畫談〉，刊於《明清時代臺灣書畫作品》，臺北，行政院文化建設委員會出版，1984 年 5 月，434 頁。

〔註13〕胡懿勳：《中國古代繪畫知識考古》，上海，上海大學出版社發行，2008 年 12 月，193 頁。

〔註14〕丘幼宣著：《一代畫聖黃慎研究》，福州，福建教育出版社出版，2002 年 9 月，221 頁。

黃慎在臺灣畫跡散佈情形已因早期文物保存之不力，很難追溯，但
可知的是黃慎畫風大部分是隨著內地沿海畫家傳入臺灣的。〔註15〕

李霞，生於清同治十年，卒於民國二十八年（1871～1939），字雲仙，號
石髓子，又號抱琴游子，李霞生於福建，學習對象爲福建清代名家，致力於
新羅山人、上官周與黃慎。李霞的作品（圖5-1）〔註16〕在題材與部分筆墨形
式上，黃慎影響似乎較大。1928年8月，李霞東渡臺灣，主要活動地點爲新
竹，留下大量的畫作〔註17〕。對「閩習」式的風格有一定的散佈，而在李霞
抵臺前，臺灣已盛行黃慎畫風。

圖5-1　李霞〈無弦琴自荷〉　　　　圖5-2　林覺〈歸漁圖〉

 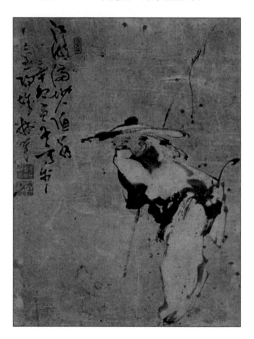

以目前所見畫跡，清代臺灣畫家學習黃慎畫風，以林覺、謝彬及林天爵
爲代表。林覺，字鈴子，號臥雲子，亦號眠月山人。林氏善人物，工畫花
鳥。山水、走獸亦見佳作，觀其人物之筆法、題字之書體和黃慎極爲近似

〔註15〕莊素娥：〈揚州八怪對臺灣早期水墨畫的影響〉，刊於《東南大學學報》（哲學
　　　　社會科學版）第5卷第1期，南京，東南大學，2003年1月，75頁。
〔註16〕巴東主編：《李霞的人物畫研究》，臺北，國立歷史博物館，2007年4月，61
　　　　頁。
〔註17〕王耀庭：〈李霞的生平藝事‧兼記「閩習」在臺灣畫史上的一頁〉，45頁。

〔註 18〕。從林覺〈歸漁圖〉〔註 19〕（圖 5-2）中可見的人物的動態，筆法線條均類黃慎，另一件〈蘆鴨圖〉〔註 20〕（圖 5-3），則是畫面構圖，鴨的姿態、蘆葦、款題位置皆學自黃慎〈蘆鴨圖〉，而林覺的山水亦學黃慎，如〈山水屏〉〔註 21〕（圖 5-4）與黃慎的〈夜雨寒潮〉圖式十分接近。謝彬，光緒間臺南人，曾師法林覺，亦屬宗法黃慎之畫家〔註 22〕，所做〈麻姑獻壽〉〔註 23〕（圖 5-5）有黃慎神仙畫的痕跡。林天爵，字修其，號古愚，清光緒生於彰化，初學芥子園，後專力於黃慎〔註 24〕。其〈心閒伴鶴〉〔註 25〕（圖 5-6）畫中老者體態，兼工帶寫表現方式，有黃慎人物畫的影子。林柏亭在〈中原繪

圖 5-3　林覺〈蘆鴨圖〉　　　　圖 5-4　林覺〈山水屏〉

〔註 18〕　《明清時代臺灣書畫作品》，448 頁。
〔註 19〕　林覺，〈歸漁圖〉，出自《明清時代臺灣書畫作品》。
〔註 20〕　林覺，〈蘆鴨圖〉，出自《明清時代臺灣書畫作品》。
〔註 21〕　林覺，〈山水屏〉，出自《明清時代臺灣書畫作品》。
〔註 22〕　《明清時代臺灣書畫作品》，456 頁。
〔註 23〕　謝彬〈麻姑獻壽〉，出自《明清時代臺灣書畫作品》。
〔註 24〕　《明清時代臺灣書畫作品》，458 頁。
〔註 25〕　林天爵〈心閒伴鶴〉，出自《明清時代臺灣書畫作品》。

圖 5-5　謝彬〈麻姑獻壽〉　　　　圖 5-6　林天爵〈心閒伴鶴〉

畫與臺灣的關係〉文中指出：「臺灣畫家對人物畫的師承也侷限以福建畫家為主，揚州八怪之一黃慎，他生於福建寧化，擅長如狂草筆意的人物和花卉，對閩臺人士起了很重要的影響。」〔註 26〕雖然不能論明清臺灣人物畫以黃慎一類畫風為侷限，有些作品亦師法海上畫派，但明清臺灣人物畫與「閩習」式畫風確實有密不可分的關係。

胡懿勳在〈清代臺灣地區生態與環境因素〉中論：

閩派的表現自上官周、黃慎一脈相承，對臺灣繪畫影響最為顯著，多數學者相當一致地認為，「閩習」作風成為臺灣水墨繪畫中的重要質素，無論是人物、花鳥作品，均能分析出閩派粗獷和快速運筆的特性……然而，閩習或閩派的風格對臺灣畫家的影響面積，並非是

〔註 26〕林柏亭：〈中原繪畫與臺灣的關係〉，刊於《明清時代臺灣書畫作品》，臺北，行政院文化建設委員會出版，1984 年 5 月，423 頁。

　　全面性的發展，多數文人知識份子在認知上較能直接、快速接受傳
　　統或者時尚，非惟一般民間畫師能夠立刻及感應得到的，因此，這
　　種影響多停留在知識份子所處的上層社會。〔註27〕

胡文中說「閩習」粗獷與快速運用筆墨的特性，成爲臺灣清代水墨畫重要元
素，但並非全面性的影響當時臺灣畫壇。

　　然而，清代臺灣書畫界受「閩習」畫風感染，有一定的影響力。以粗獷
恣意，氣勢磅薄，粗筆重墨的筆墨形式來界定「閩習」範圍，此類「閩習」
風格用筆豪放，獷悍凌厲的大寫意水墨，可謂自黃愼以下漸次發展開的；若
從福建地域性共同畫風及閩地職業畫家普遍風格來論「閩習」，將黃愼視爲
「閩習」的代表人物，換言之，將福建或臺灣的地域性畫風與黃愼劃上等號，
應還有再議的空間。

第二節　黃愼的藝術價值與歷史地位

　　在清朝繪畫領域中，揚州八怪徹底打破雅俗美學觀對立，當時揚州繁榮
的經濟，活躍的藝文氣氛是揚州八怪展現不同往昔之繪畫作品的時代背景，
而黃愼爲其代表人物之一，其終身沒有科舉經歷，遊歷大江南北，提高文學
修養，黃愼的歷史價值在打破文人畫選材與表現規範，在職業畫家與文人畫
家間取得一平衡點。

一、職業畫家文人化，文人畫通俗化

　　黃愼以一布衣文人自許，在揚州八怪中，沒有求仕不得的失意，沒有被
罷官解職的落寞，他勤讀詩書，居揚州鬻畫，遊歷江南福建寫生，師造化之
餘，體驗社會庶民生活民俗，對於清代社會底層貧困飢荒時有所聞，官場文
化的敗壞及揚州富豪生活的奢侈，黃愼必定看在眼裡，但從黃愼的人物畫中，
似乎看不到對此現象的批評與抗議，在黃愼詩內可見「黃犢特力，無以爲糧，
黑鼠何功，安享太倉。」對社會現象不滿與憤怒一類詩句，他始終以職業畫
家與布衣文人自居，自有其市場考量，他繪畫風格以「諧俗」爲主要表現，
人物畫能粗放雄強，能工細秀雅，花鳥姿態生動，山水寫生平易自然，書法

〔註27〕胡懿勳：《中國古代繪畫知識考古》，上海，上海大學出版社發行，2008 年 12
　　　　月，290 頁。

獨具個人面貌，堪稱全方面的藝術創作者。

黃慎將職業畫家與文人畫家的界線模糊及二者相互融合，使雅的文人畫題材與筆墨技巧擴大了新的繪畫領域，讓俗的普羅大眾的審美層次提升到雅的境界。藝術商業化使黃慎未能免於作品水準不一，應酬粗糙之作亦時有所見，但藝術貴在創新的角度，黃慎在創作上具多面向變化，強烈個性化風格，擴展審美的視野，增進藝術創作的現實性及世俗性，其歷史地位是肯定的。若以雅俗共賞觀點論，我的淺見，黃慎的作品是俗多於雅的。

二、藝術地位

黃慎生於書畫商品化的時代，以人物畫聞名，人物畫占其創作量大宗，揚州八怪以花鳥畫為主流，黃慎本身有寫真深厚的形象描繪能力，加上其「諧俗」意識的選擇，成為揚州八怪中人物畫的代表性角色，亦是清朝人物繪畫史不可缺的一席。

黃慎藝術風貌獨具，具強烈個人風格，不僅在人物畫題材選擇上，一反文人清賞高雅的侷限，描繪了大量生活在民間底層的普羅大眾，在技法上以草書入畫，在傳統人物畫十八描的基礎上更上一層，不僅人物形象生動，線條質感變化多端，顯現雄強豪放的風格，其作品在創新與傳統，文雅與通俗，率意與凝鍊間共存並立，在這些矛盾對立，取得妥協平衡，即顯露出深厚的傳統功力，又表現出求新求變的企圖，不僅當時福建與臺灣有其追隨者，對日後海上畫派亦有一定影響。

參考書目

（一）黃慎主要書目

1. 黃慎、丘幼宣點校：《揚州八怪詩文集》，南京，江蘇美術出版社出版，1987 年 8 月 1 日。
2. 丘幼宣著：《一代畫聖——黃慎研究》，南京，福建教育出版社出版，2002 年 9 月。
3. 丘幼宣著：《黃慎誕辰三百周年紀念文集》，寧化縣政協文史組。
4. 丘幼宣著：《癭瓢山人黃慎書畫集》，南京，福建美術出版社出版，1988 年 8 月。
5. 李萬才著：《東海布衣：黃慎傳》，北京，上海人民出版社，2001 年 8 月。
6. 李萬才，《黃慎書畫集》，北京，人民美術出版社，1999 年。
7. 張萬夫：《揚州畫派書畫全集・黃慎》，天津人民美術出版社，1988 年 12 月。
8. 黃慎畫、殷德儉編：《黃慎書畫集》，北京，中國民族攝影藝術出版社，2003 年 11 月。
9. 曹惠民，陳伉主編：《揚州八怪全書第四卷黃慎羅聘詩文全集》，北京，中國言實出版社，2006 年 12 月。
10. 鄭熙楨著：《黃慎繪畫之研究》，臺北，國立臺灣師範大學美術研究所碩士論文，1993 年。
11. 吳忠煌著：《從「以書入畫」理論談黃慎書法》，臺北，中國文化大學藝術研究所在職專班碩士論文，2007 年。

（二）揚州八怪書目

1. 丁家桐、朱福圭著：《揚州八怪傳》，北京，上海人民出版社，1993 年 2 月。

2. 丁家桐著：《揚州八怪全傳》，北京，上海人民出版社，1998 年 9 月。

3. 卞孝萱主編：《揚州八怪年譜（下）》，南京，江蘇美術出版社出版，1993 年 5 月。

4. 卞孝萱主編：《揚州八怪現存畫目》，南京，江蘇美術出版社出版，1991 年 6 月。

5. 卞孝萱主編：《揚州八怪畫集》，南京，江蘇美術出版社出版，不詳。

6. 王鳳珠、周積寅編：《揚州八怪書畫年表》，南京，江蘇美術出版社出版，1992 年 12 月。

7. 丘幼宣撰：《揚州八怪年譜（上）》，南京，江蘇美術出版社出版，1990 年 7 月。

8. 林秀薇編譯：《揚州畫派》，臺北，藝術圖書公司，1985 年 9 月。

9. 袁烈州編：《揚州畫派研究文集》，天津，天津人民出版社，1994 年 12 月。

10. 馬寶杰、羅春政編著：《揚州八家書畫收藏與辨偽》，北京，萬卷出版公司，2004 年 4 月。

11. 張郁明主編：《揚州八怪書法印章選》，南京，江蘇美術出版社，1993 年 8 月。

12. 單國霖編：《揚州畫派研究文集》，天津，天津人民出版社，1999 年 6 月。

13. 紫都、劉超編著：《揚州八怪書法鑑賞》，北京，中央編譯出版社，2005 年 4 月。

14. 蔣華主編：《揚州八怪題畫錄》，南京，江蘇美術出版社出版，1992 年 2 月。

15. 薛永年編：《揚州八怪研究資料叢書》，南京，江蘇美術出版社出版，1992 年 3 月。

16. 蘇啓明主編：《揚州八怪書畫珍品展》，臺北，國立歷史博物館，1999 年 7 月。

17. 蘇鋒、周積寅主編：《揚州八怪繪畫精品錄》，南京，江蘇美術出版，1996 年 10 月。

18. 鄭奇、黃淑成主編：《揚州八怪評論集——當代部分》，南京，江蘇美術出版社出版，1989 年 6 月。

19. 李斗：《揚州畫舫錄》，北京，中華書局出版，2007 年 9 月。

（三）其他書目

1. 王耀庭：〈從閩習到寫生——臺灣水墨繪畫發展的一段審美認知〉，《東方美學與現代美術研討會論文集》，臺北，國立美術館，1992 年 6 月，

124～151 頁。

2. 王耀庭:〈原鄉的風格‧戀鄉的題材——近百年中原水墨畫與臺灣之關係〉,《新世紀臺灣水墨畫發展學術研討會論文集》,臺北,國立歷史博物館,1999 年 4 月。

3. 中國古代書畫鑑定組編:《中國古代書畫圖目》,北京,文物出版社,1986～2001 年,1～23 頁。

4. 巴東主編:《李霞的人物畫研究》,臺北,國立歷史博物館,2007 年 4 月。

5. 王庭玟主編:《中國歷代畫派新論》,北京,藝術家出版社,2001 年 3 月。

6. 周晉著:《寫照傳神:晉唐肖像畫研究》,杭州,中國美術學院出版社,2008 年 3 月。

7. 季伏昆編:《中國書論輯要》,南京,江蘇美術出版社出版,2008 年 1 月。

8. 姚建杭主編:《中國書法典集魏晉唐小楷》,北京,中國書店出版,2009 年 6 月。

9. 張蘇予、周衛明主編:《中國博物館藏畫》,上海,上海人民美術出版社,1999 年 1 月。

10. 游允常編輯:《中國畫人物技法》,北京,人民美術出版社出版,2006 年 2 月。

11. 鄧實、黃賓虹輯,嚴一萍續編:《美術叢書》第 12 期,臺北縣板橋市,藝文出版社出版,1964 年。

12. 謝巍主編:《中國畫學著作考錄》,上海,上海書畫出版社,1998 年 7 月。

13. 《清代傳記叢刊》,臺北,明文書局,年代不詳。

14. 國立故宮博物院,《故宮名畫選粹續輯》,國立故宮博物院,1973 年 6 月。

15. 鄭板橋:《鄭板橋全集》,臺北,鼎文書局出版,2001 年 12 月。

16. 石守謙:《悅目中國晚期書畫圖版篇》,臺北,石頭出版有限公司,2001 年 7 月。

17. 國泰美術館:《中國美術反傳統畫家選集》,臺北,國泰文化事業股份有限公司,1978 年 2 月。

18. 宋子龍:《四味書屋珍藏書畫集》,合肥,安徽美術出版社,2000 年 7 月。

19. 黃燕芳:《聚墨流香攻玉山房藏中國古代書畫》,香港,香港大學美術博

物館，2004 年 3 月。

20. 李玉棻：《甌缽羅室書畫過目考》，臺北，漢華文化事業股份有限公司出版，1971 年 2 月。

21. 泉屋博古館：《泉屋博古中國繪畫》，京都，泉屋博古館，平成 8 年 11 月。

22. 上官周：《晚笑堂畫傳》，桃園，安鄉股份有限公司圖書出版部，1984 年 7 月。

（四）期刊

1. 王傳康：〈揚州八怪概論〉，《南京廣播電視大學學報》總第 44 卷第 3 期，南京，南京廣播電視大學，2006 年，14～21 頁。

2. 王耀庭：〈李霞的生平與藝事兼記「閩習」在臺灣畫史上的一頁〉，《臺灣美術》第四卷第一期 NO.12，臺北，國立美術館，1991 年 7 月，42～50 頁。

3. 丘幼宣：〈黃慎畫佛的質疑〉，《美術史研究》第 4 期，1997 年，67～79 頁。

4. 何洪源：〈丹青難寫是精神，《收藏家》第 6 期，北京，北京市文物局，2007 年，68～70 頁。

5. 李晶：試議「揚州八怪」藝術中繪畫形象的式微，《藝術探索》第 20 卷第 3 期，廣西，廣西藝術學院，2006 年 8 月，16～17 頁。

6. 李萬才：〈清 黃慎草書七律詩軸〉，《書法叢刊》第 24 輯，北京，文物出版社，1990 年 12 月，1～60 頁。

7. 沈以正：〈揚州八怪的詩、書、畫（四）黃慎的繪畫〉，《美術月刊》第 37 期，臺北，國立臺灣藝術教育館，1993 年，10～17 頁。

8. 汪維寅：〈黃慎人物畫再探析──草書入畫面面觀〉，《十竹齋藝譚》，江蘇，泰州市博物館，2005 年 2 月，87～91 頁。

9. 周治權：〈略談「揚州八怪」之「怪」〉，《廊坊師專學報》第 2 期，廊坊師範學院，1997 年，32～34 頁。

10. 尚可：〈「揚州八怪」歷史定位的論辯〉，《全國中文核心期刊 藝術百家》總第 99 期第 6 期，江蘇，南京藝術學院美術院，2007 年，192～193 頁。

11. 明泉：〈黃慎草書詩冊〉，《書法叢刊》第 18 輯，北京：文物出版社，1989 年 8 月，74～80 頁。

12. 武佩經：〈金農及幾位揚州畫家之生平與繪畫活動〉，《東南大學學報》第 5 卷第 3 期，東南大學，2003 年 5 月，85～91 頁。

13. 金建榮：〈論徐渭寫意花卉畫中的「草書入畫」〉，《淮陽師專學報》總第 73 期第 18 卷第 4 期，淮陽師專，1996 年，93～95 頁。

14. 金星:〈試論「揚州八怪」怪異畫風的特點及成因〉,《江西教育學院學報》第 28 卷第 4 期,江西,江西教育學院,2007 年 8 月,105～108 頁。

15. 姜一涵:〈黃慎「丁有煜畫像卷」〉,《藝術家》第 84 期,臺北,藝術家出版社有限公司,1984 年 5 月,134～141 頁。

16. 胡懿勳:〈黃慎人物畫風格的社會性因素──兼論黃慎與閩派關係〉,《東南大學學報》第 7 卷第 2 期,南京,東南大學,2005 年 3 月,57～61頁。

17. 韋艾佳:〈多彩多姿的揚州八怪〉,《江蘇地方志》第 3 期,江蘇,江蘇省地方志編纂委員會辦公室,1998 年,61～62 頁。

18. 郝曉蔚:〈《風雨歸舟圖》賞析〉,《文物季刊》第 4 期,北京,文物出版社,1992 年,44～92 頁。

19. 崔詠雪:〈傳統的延續(1736～1895)臺灣水墨畫發展的回顧〉,《臺灣美術》第 69 期,臺北,國立美術館,4～19 頁。

20. 張萬才:〈黃慎花鳥山水畫的藝術成就〉,《榮寶齋》2003 年第 04 期,北京,中國美術出版總社,2003 年,14～21 頁。

21. 曹玉林:〈從黃慎看藝術評論語話權的位移〉,《國畫家》第 2 期,2005年,16～17 頁。

22. 莊素娥:〈揚州八怪對臺灣早期水墨畫的影響〉,刊於《東南大學學報》(哲學社會科學版)第 5 卷第 1 期,南京,東南大學,2003 年 1 月,74～79 頁。

23. 陳瓊花:〈談臺灣光復前之傳統繪畫(一)〉,《臺灣美術》第 15 期,臺北,國立美術館,72～78 頁。

24. 馮曉:〈黃慎及其詩書畫〉,《福建師大學報》第 2 期,福建,福建師大,1984 年,87～94 頁。

25. 黃慎:〈清　黃慎草書《桃花源記及五言詩》卷〉,《書法叢刊》2003 年第 3 期(總第 75 期),北京,文物出版社,2003 年 8 月,53～61 頁。

26. 黃慎:〈清黃慎草書七律詩軸〉,《書法叢刊》第 49 期,北京,文物出版社,1997 年 2 月,66 頁。

27. 黃慎:〈清黃慎草書詩軸〉,《書法叢刊》第 3 輯,25 頁,1982 年 5 月,北京,文物出版社。

28. 楊利民:〈黃慎的人品、詩品、詩風初探〉,《雲夢學刊》,福建,福建寧化縣委黨校,2003 年 11 月,78～80 頁。

29. 葉若舟:〈揚州八怪之一黃慎〉,《書畫家》第 4 卷第 2 期,臺北,書畫家雜誌月刊社,1984 年,175～188 頁。

30. 趙煜:〈論揚州八怪繪畫作品的世俗化傾向〉,《吉林師範大學學報》第 5期,吉林,吉林師範大學美術學院,2006 年 10 月,114～124 頁。

31. 劉如仲：〈黃慎的《騎驢踏雪圖》〉，《中國書學報》，2005 年 2 月，50 頁。

32. 劉芳如：〈無真相有真魂：黃慎畫風略論〉，《故宮文物月刊》第 2 卷第 12 期，臺北，故宮博物院，1985 年，98～107 頁。

33. 劉梅琴：〈李霞人物畫風格及其淵源探究（下）〉，《歷史文物》第 177 期，臺北，國立歷史博物館，2008 年，64～73 頁。

34. 劉梅琴：〈李霞人物畫風格及其淵源探究（上）〉，《歷史文物》第 88 期，臺北，歷史博物館，2008 年 3 月，4～19 頁。

35. 劉毅：〈畫到情神飄沒處　更無真相有真魂——淺析黃慎人物畫風格的成因〉，《淮陽工學院學報》第 14 卷第 6 期，南京，南京藝術學院，2005 年 12 月，40～41 頁。

36. 鄭工：〈閩習與閩派之辨〉，《美術史研究》第 2 期，2000 年，31～39 頁。

37. 蕭瓊瑞：〈「閩習」與「臺風」——對臺灣明清書畫美學再思考〉，《臺灣美術》第 67 期，臺北，國立美術館，91～105 頁。

38. 藝術家編輯部：〈黃癭瓢人物冊賞析〉，《藝術家》第 114 期，臺北，藝術家出版社，1984 年，175～188 頁。

39. 蘇思義、劉立青：〈從《癭瓢畫冊》看黃慎的藝術成就〉，《中原文物》第一期，河南，河南省博物館，1984 年，78～83 頁。

（五）拍賣目錄

1. 上海朵雲軒 1997 年秋季拍賣會目錄。

2. 上海老城隍廟 2001 年秋季拍賣會目錄。

3. 上海崇源 2004 年秋季拍賣會目錄。

4. 上海崇源 2005 年春季拍賣會目錄。

5. 上海崇源 2009 年秋季拍賣會目錄。

6. 中國嘉德 1997 年拍賣會目錄。

7. 中國嘉德 1999 年拍賣會目錄。

8. 中國嘉德 2001 年秋季拍賣會目錄。

9. 中國嘉德 2002 年秋季拍賣會目錄。

10. 中國嘉德 2005 年春季拍賣會目錄。

11. 中國嘉德 2006 年秋季拍賣會目錄。

12. 中國嘉德 2008 年春季拍賣會目錄。

13. 中國嘉德 2008 年春季拍賣會目錄。

14. 中國嘉德 2009 年春季拍賣會目錄。

15. 中國嘉德 2009 年春季拍賣會目錄。

16. 中國嘉德 2009 年秋季拍賣會目錄。
17. 中貿聖佳 2006 年秋季拍賣會目錄。
18. 中貿聖佳 2007 年秋季拍賣會目錄。
19. 中貿聖佳 2009 年秋季拍賣會目錄。
20. 北京保利 2007 年春季拍賣會目錄。
21. 北京保利 2008 年春季拍賣會目錄。
22. 西泠印社 2007 年秋季拍賣會目錄。
23. 西泠印社 2008 年春季拍賣會目錄。
24. 西泠印社 2009 年春季拍賣會目錄。
25. 香港佳士得 2007 年秋季拍賣會目錄。
26. 香港佳士得 2008 年春季拍賣會目錄。
27. 博達 1999 年秋季拍賣會目錄。
28. 敬華 2002 年秋季拍賣會目錄。
29. 翰海 1996 年秋季拍賣會目錄。
30. 翰海 1996 年秋季拍賣會目錄。
31. 翰海 1999 年季拍賣會目錄。
32. 瀚海 2000 年春季拍賣會目錄。
33. 翰海 2001 年春季拍賣會目錄。
34. 瀚海 2002 年秋季拍賣會目錄。
35. 瀚海 2002 年秋季拍賣會目錄。
36. 瀚海 2004 年春季拍賣會目錄。
37. 瀚海 2005 年春季拍賣會目錄。

（六）引用網路

1. http://pm.findart.com.cn/，2009 年 12 月 11 日下載。

附　錄

《TH》張萬夫：《揚州畫派書畫全集・黃慎》，天津人民美術出版社。

《CH》黃慎畫、殷德儉編：《黃慎書畫集》，中國民族攝影藝術出版社。

《FH》丘幼宣著：《瘦瓢山人黃慎書畫集》，福建美術出版社。

《JY》卞孝萱主編：《揚州八怪畫集》，江蘇美術出版社。

《PH》李萬才：《黃慎書畫集》，人民美術出版社。

《TY》袁烈州：《揚州八家畫集》，天津人民美術出版社。

《AY》林秀薇編譯：《揚州畫派》，藝術圖書公司。

《JYS》蘇鋒、周積寅主編：《揚州八怪繪畫精品錄》，江蘇美術出版社。

《圖目》中國古代書畫鑑定組編：《中國古代書畫圖目》，北京，文物出版社，
1986～2001年，1～23頁。

《SH》丘幼宣著：《黃慎研究》，福建教育出版社。

《CY》丘幼宣著：《黃慎誕辰三百週年紀念文集》，寧化縣政協文史組。

題署類型：

A 黃慎　　B 慎　　　C 瘦瓢　　D 瘦瓢子　　E 瘦瓢山人

F 蒧圃　　G 恭壽　　H 黃盛　　I 江夏盛

附錄一 黃慎書畫作品編年

（款文之月日爲陰曆）

32 歲　康熙五十七年　戊戌　1718 年

代號	形　式	作品名稱	款文錄要	題署類型	刊載處／收藏處
3201 人	冊頁 27.4×31cm				中央工藝美術學院藏

33 歲　康熙五十八年　己亥　1719 年

代號	形　式	作品名稱	款文錄要	題署類型	刊載處／收藏處
3301 人	折扇面	碎琴圖	碎琴圖，己亥秋七月寫於濰陽客舍，江夏盛。	I	FH-5 首都博物館藏

34 歲　康熙五十九年　庚子　1720 年

代號	形　式	作品名稱	款文錄要	題署類型	刊載處／收藏處
3401 人	冊 25×24.5cm	故事人物圖 1. 洛神賦圖 2. 漁家樂圖 3. 陶淵明重陽飲酒圖 4. 琴趣圖 5. 有錢能使鬼推磨圖 6. 漂母飯信圖	1.（《洛神賦》殘帖十三行） 2.（無款） 3.（無款） 4. 但得琴中趣，何勞弦上聲，黃盛。 5.（無款） 6. 王孫有荣色，漂母哀其食。報後千金易，誰把英雄識。閩寧黃盛並題。	H	AY-102～112 FH-6～9 TY-56～58 PH-1～9 TH-129～130 CH-203～204 《圖目八》津2-135 天津歷史博物館藏

		7. 家累圖	7. （無款）		
		8. 西山招鶴圖	8. （題蘇東坡放鶴亭記中「放鶴招鶴之歌」，寧化黃盛。）		
		9. 郭橐駝種竹圖	9. （無款）		
		10. 絲綸圖	10. 絲綸圖，庚子九月寫於綠天書屋，黃盛。		

35 歲　康熙六十年　辛丑　1721 年

代號	形　式	作品名稱	款文錄要	題署類型	刊載處／收藏處
3501 人	軸 134× 56cm	採藥老人圖	洗藥每臨新瀑水，步虛時上最高峰。辛丑秋八月寫於雙江書屋，閩中黃慎。	A	AY-92、WY-71、PH-67 重慶歷史博物館藏
3502 人		人物圖			《夢園書畫錄》著錄

36 歲　康熙六十一年　壬寅　1722 年

代號	形　式	作品名稱	款文錄要	題署類型	刊載處／收藏處
3601 人	軸 126.5× 61.5cm	五老圖	壬寅新秋，作於雙江郡署，寧化黃慎。	A	TH-107、《圖目十六》遼 5-158 遼寧旅順博物館藏
3602 人	軸	老叟瓶花圖	壬寅秋九月作於雙江山房，閩中黃慎。	A	FY-38 美國華盛頓弗利爾美術館藏
3603 人		採芝圖			高居翰景元齋藏
3604 人		採芝圖	壬寅小春月漫寫於雙江筠谷山房，寧化黃慎。	A	元富太郎藏

37 歲　雍正元年　辛丑　1723 年

代號	形　式	作品名稱	款文錄要	題署類型	刊載處／收藏處
3701 禽		蘆鴨圖			《中國書畫家印鑑款識》著錄
3702 人	卷 28× 127cm	陶淵明詩意圖			上海朵雲軒藏

代號	形　式	作品名稱	款文錄要	題署類型	刊載處／收藏處
3703 山	軸 166×93cm	山水	洗藥每臨新瀑水，步虛時上最高峰。夜雨寒潮憶敵廬，人生只合老樵漁。五湖收拾看花眼，歸去青山好著書。癭瓢子黃慎。	A、D	博達 1999 秋季拍賣會-210

38 歲　雍正二年　甲辰　1724 年

代號	形　式	作品名稱	款文錄要	題署類型	刊載處／收藏處
3801 人	軸 127.5×55cm	攜琴仕女圖	甲辰小春月醉後漫寫於燈下，閩中黃慎。	A	TH-3、CH-3、PH-12《圖目六》蘇 12-37 泰州市博物館藏
3802 人	軸 159.5×85cm	愛梅圖	花發平津望嶺頭，初疑剪彩出神州。霜容早試三分白，瘦影橫撐一半秋。南國佳人憐粉署，秣陵才子憶羅浮。酒闌傲舞銀江下，錯認孤山雪未收。甲辰夏畫并書七律《詠雙江郡齋八月梅花》寧化黃慎。	A	TH-1、CH-2《圖目十四》粵 2-380 廣州美術館藏
3803 人	軸 159.5×85cm	金帶圍圖	金帶圍圖，雍正二年秋九月呈趾翁令先生，寧化黃慎寫。	A	FH-10、AY-100 上海博物館藏
3804 禽	軸 159.5×85cm	獅狗圖	雍正二年十一月閩中黃慎漫寫於廣陵客舍。		TH-2、CH-4、PH-、FH-47 揚州市博物館藏
3805 人		壽星圖			日本私人藏

39 歲　雍正三年　乙巳　1725 年

代號	形　式	作品名稱	款文錄要	題署類型	刊載處／收藏處
3901 人	冊 32.5×33cm	廉藺交歡圖	雍正三年春三月，閩中黃慎寫。	A	中國嘉德 2001 秋季拍賣會-306
3902 人	軸 92.2×39.5cm	瓶梅仕女圖	乙巳春日寫於廣陵客舍，黃慎。	A	《圖目十六》魯 1-1311 山東省博物館藏
3903 人	軸 102×90.7cm	嚴子陵圖	（范仲淹《嚴先生祠堂記》全文。）乙巳夏五月，閩中黃慎寫	A	《圖目十二》皖 1-552 安徽省博物館藏
3904 花	冊 27.5×35.5cm	花鳥山水圖			翰海 1996 秋季拍賣會

3905 人	軸	攜琴仕女圖	樂哉新婚，鼓瑟鼓簧；為以旨酒，載笑載觴。悠悠長道，露湆碧草；愁來煎心，匪不我好。歷歷三臺，下土徘徊；今我不樂，日月相摧。仰視霄漢，出門天旦；鋏好誰彈？長吁累嘆。雍正三年秋寫於三山草廬。		PH-5 江蘇靖江市博物館藏
3906 人	折扇面	囊琴憩石圖	草亭飛萬竹，苔蘚上平欄。曉月鴉聲落，秋香蝶夢殘。酒連今日病，衾破舊時寒。歸計鄱陽水，相思十八灘。出郭塵囂遠，新鄰老圃家。晴窗流竹露，夜雨長蘭芽。客至嚴詩律，錢空廢畫。邇來饒逸興，村酒尚能賒。昔別大江舟，春城憶石頭。疏聞竹杪雨，冷過木樨秋。詩剪西昆體，書飛淮海郵。弟兄怀墨綬，遙望出皇州。乙巳多十一畫，并書近作三首，似斗老道長兄教政，閩中黃慎。	A	《圖目十一》浙35-144 寧波市天一閣文物保管所藏
3907 人	軸 165.9×94cm	鍾馗圖			蘇州市博物館
3908 冊	冊	人物、山水圖			《中國書畫家印鑒款識》著錄
3909 禽	68×29cm	貓蝶圖	乙巳夏五月寫閩中黃慎。	A	中國嘉德 2007 秋季拍賣會 http://pm.findart.com.cn/399546-pm.html 2009 年 12 月 11 日下載

40 歲　雍正四年　丙午　1726 年

代號	形　式	作品名稱	款文錄要	題署類型	刊載處／收藏處
4001 人	軸 119.6×58.1cm	相馬圖	雍正四年花朝日閩中黃慎寫。	A	FH-13 北京故宮博物院藏
4002 人	軸 114.5×60cm	採芝圖	採芝圖，雍正四年三月作於廣陵草堂，閩中黃慎。	A	TH-4、CH-15 《圖目十三》粵1-0727 廣州市博物館藏

4003 人	軸	對菊彈琴圖	人事有同今日意，黃花只作去年香。丙午小春月寫似柯亭學先生粲。閩中黃慎。	A	AY-94
4004 人	軸 71×75.5cm	教子圖	教子尤勤老著書。丙午小春月閩中黃慎寫於廣陵書屋。	A	《圖目六》蘇11-066 揚州市文物商店
4005 冊	冊 27.3×60cm	花卉圖 1. 水仙圖 2. 山茶圖 3. 芍藥圖 4. 桃花圖 5. 薔薇圖 6. 綉球圖 7. 荷花圖 8. 萱草圖 9. 石榴圖 10. 菊花圖 11. 牡丹圖 12. 梅花圖	1. 杜若青青江水連，鷓鴣拍拍下江煙。湘夫人正夢梧，莫遣一聲啼竹邊。 2. 葉厚有稜俾多健，花深少態鶴頭丹。 3. 客中囊澀買花錢，花市歸來興惘然。忽報故人攜酒至，醉塗婪尾一枝妍。丙午暮春作於廣陵道中。 4. 華濃帝子結霜晨，一笑回風孰問津。片點錦江秋水薄，如羞素女臉波春。古今有恨難消盡，天地無私易更新。自是劉郎歸去後，空教蜂蝶暗逡巡。詠雙江八月桃花。 5. 風驚少女偷香去，雨認巫山覓伴探。 6. 繡錦千毬結。 7. 採蓮入南浦，欲寄遠方書，不知蓮葉下，自有雙鯉魚。 8. 西子去時遺笑靨，阿嬌行處落金鈿。 9. 山中秋老無人摘，自迸明珠打雀兒。 10. 雖慚老圃秋容淡，才有黃花晚節香。 11. 天上河從籬下過，江南花向殿前生。 12. 花發平津望嶺頭，初疑剪彩出神州。霜容早試三分白，瘦影橫撐一半秋。南國佳人憐粉署，秣陵才子憶羅浮。酒闌傲舞銀江下，錯認孤山雪未收。詠雙江郡齋八月梅花，閩中癭瓢山人慎。	E、B	TH-170～181 CH-256～279 《圖目五》滬1-3790 上海博物館藏
4006 人	124.5×169.5cm	鍾馗酌妹圖	雍正四年夏五月閩中黃慎敬圖。	A	FH-26 四川省博物館藏
4007 人		天官圖	雍正四年六月閩中黃慎寫。	A	《榮寶齋畫譜》

代號	形 式	作品名稱	款文錄要	題署類型	刊載處／收藏處
4008 花	軸 85×49cm	瓶花文石圖	雍正四年六月閩中黃慎寫。	A	FH-63 瀋陽故宮博物館
4009 人	軸	東坡得硯圖	（蘇東坡《天石銘硯》）丙午夏作於廣陵草堂，閩中黃慎。	A	FH-14
4010 山	27.5×61cm	雪景山水圖	雍正四年冬十月，閩中黃慎寫。	A	
4011 人		仕女圖			上海友誼商店藏
4012 人	軸	鋤藥圖			《自怡悅齋書畫錄》著錄
4013 山	軸	山水圖			《自怡悅齋書畫錄》著錄
4014 書	卷	草書自作五律六首	草亭飛萬竹，苔蘚上平欄。曉月鴉聲落，秋香蝶夢殘。酒連今日病，衾破舊時寒。歸計鄱陽水，相思十八灘。出郭塵囂遠，新鄰老圃家。晴窗流竹露，夜雨長蘭芽。客至嚴詩律，錢空廢畫丫。邇來饒逸興，村酒尚能賒。		FH-99、PH-180 揚州市博物館
4015 人	軸 68×39cm	奏樂圖	雍正四年春，閩中黃慎。	A	中國嘉德 2009 春季拍賣會
4016 人	軸 53.5×112cm	人物圖	教子尤勤老著書。丙午小春月作於廣陵草堂，閩中黃慎。	A	中貿聖嘉 2006 秋季拍賣會
4017 花			客中囊澀買花錢，花市歸來興怏然。忽報故人攜酒至，醉涂梦尾一枝妍。丙午暮春作於廣陵道中。		《悅目中國晚期書畫圖版篇》

41 歲　雍正五年　丁未　1727 年

代號	形 式	作品名稱	款文錄要	題署類型	刊載處／收藏處
4101 人	卷 27.4×67.3cm	張果老圖	（無款）		CH-6 日本·京都國立博物館
4102 人	卷	倚琴紈扇美人圖			日本·京都國立博物館
4103 人	軸 228.5×164cm	八仙圖	雍正五年秋九月，閩中黃慎寫。	A	TH-6 泰州市博物館
4104 人	軸 211.5×161.3cm	八仙圖	雍正五年秋九月，閩中黃慎寫。	A	《圖目一》京12-298 北京市文物商店

代號	形　式	作品名稱	款文錄要	題署類型	刊載處／收藏處
4105 人	軸 221.5×161.5cm	八仙圖	雍正五年秋九月，閩中黃慎寫。	A	TH-5 蘇州市博物館
4106 人	軸 97.2×110.7cm	雙仙圖	雍正五年嘉平月，閩中黃慎寫。	A	福建師範大學
4107 山	軸	岩壁題名圖			《支那名畫集》
4108 書	卷	草書鄭板橋《道情》			日本‧京都國立博物館

42 歲　雍正六年　戊申　1728 年

代號	形　式	作品名稱	款文錄要	題署類型	刊載處／收藏處
4201 山	折扇面	柳溪春泛圖	雍正六年三月寫於刻竹書屋，瘦瓢山人。	E	小萬柳堂
4202 人	軸 191.5×95.5cm	整冠圖	雍正六年夏四月閩中黃慎寫。	A	TH-7 揚州市博物館藏
4203 花	軸 121.3×41.45cm	菊花圖	陶詩只採黃金實，郢曲新傳白雪英。素色不同籬下發，繁花疑自月中生。浮花小摘開雲母，帶露全移綴水精。偏稱含香五字客，從茲得地始芳榮。戊申秋八月作於刻竹屋，閩中黃慎。	A	FH-61 北京故宮博物館
4204 冊	冊	人物圖			大阪市立美術館藏
4205 人	大軸 285×170cm	鍾馗執笏圖	雍正六年五月閩中黃慎敬圖。	A	揚州市私人
4206 山		米點山水圖			《復初齋詩集》

43 歲　雍正七年　己酉　1729 年

代號	形　式	作品名稱	款文錄要	題署類型	刊載處／收藏處
4301 人	66×34.8cm	紉藍仕女圖	紉蘭，雍正七年二月作於美成草閣，黃慎。	A	TH-9、CH-11 重慶市博物館
4302 人	35.6×53cm	白傅誦詩圖	雍正七年夏四月閩中黃慎寫。	A	TH-8、CH-10 南京博物館
4303 人	折扇面	杜甫《江村》詩意圖	老妻畫紙爲棋局，稚子敲針作釣鉤。己酉秋七月寫呈完生粲，閩中黃慎。	A	揚州市博物館

4304 山	冊 43.8×55cm	寫生山水圖			瑞士‧蘇黎世內伯格博物館
4305 花	折扇面	合作花果圖			JY-123 蘇州市博物館藏
4306 花	卷 45.7×178.3cm	松林書屋圖	雍正七年八月寫，閩中黃慎。	A	《圖目五》滬1-3790 上海博物館藏
4307 人	軸	麻姑獻壽圖	雍正七年八月閩中黃慎寫。	A	《圖目十八》鄂5-1 湖北宜昌市文物處藏
4308 花	冊 16.8×20.6cm	花卉圖梅花山茶	雍正七年秋八月閩中黃慎寫。	A	故宮名畫選粹臺北故宮博物院
4309 山	軸	山水圖	雍正七年十一月作於美成草堂。		日本 JYS-305
4310 禽	橫軸 89.2×97.5cm	蘆鳧圖	雍正七年十二月閩中黃慎寫。	A	《圖目八》冀2-30 河北石家庄市文物管理所
4311 人	軸	人物圖			日本私人藏

44 歲　雍正八年　庚戌　1730 年

代號	形　式	作品名稱	款文錄要	題署類型	刊載處／收藏處
4401 人	軸 100.1×47.8cm	抱瓶仕女圖	雍正八年春三月圖瘦瓢山人。	E	《圖目六》蘇10-162 揚州市文物博物館
4402 冊	冊 21×30cm	人物、花卉、山水圖(11幀)			河南省博物館
4403 人	軸 103.5×49.5cm	捧盂老人圖	雍正八年春三月閩中黃慎寫。	A	中國嘉德 1999 拍賣會-199
4404 人	折扇面	簪花圖	雍正八年六月寫似鴻翁堯先生桊閩中黃慎。	A	《圖目八》津6-117 天津市文物公司
4405 人	軸 127×59.5cm	山村送別圖	雍正八年秋七月閩中黃慎寫。	A	JYS-282 香港虛白齋
4406 人	軸	韓琦簪金帶圍圖			揚州市博物館
4407 人	軸 163.3×90.5cm	麻姑獻壽圖			北京故宮博物院

4408 人	軸 101.5×48.5cm	來蝠圖	雍正八年秋九月閩中黃慎寫。	A	西泠印社2009春季拍賣會
4409 山		絕壁孤舟圖	此幀乃予壯歲之筆，迄今廿餘年矣，重過邗上，於李君次玉齋頭見之，誠大快也。何則？余持管走天涯，凡應成者，指不勝屈，飄零淪散寧能記憶乎？而如此種尤少，蓋人亦不好，予亦不作。李君愛之而藏之，賞識牝牡驪黃之外，永為鑒別之士，遂書數語于右，并續一絕。夜雨寒潮憶敝廬，人生只合老樵漁，五湖收拾看花眼，歸去青山好著書。時乾隆丙子小春七十老人慎重題。	B	FH-85
4410 人	軸	踏雪尋梅			《圖目一》京12-299 北京市文物商店
4411 人	軸	八仙圖			《支那名畫集》
4412 人	軸	騎驢人物圖			《寶迺閣書畫錄》
4413 禽	軸 118×38cm	蘆雁圖	雍正八年清和月下浣興化黃慎寫。	A	瀚海2002秋季拍賣會-1008

45 歲　雍正九年　辛亥　1731 年

代號	形　式	作品名稱	款文錄要	題署類型	刊載處／收藏處
4501 人	冊	仕女人物圖	雍正九年春二月閩中黃慎寫。	A	AY-97 臺北故宮博物院
4502 人	軸 144.5×67cm	二老行春圖	雍正九年春二月黃慎寫。	A	TH-10、CH-12 天津市歷史博物館
4503 人	軸 171×70cm	張果老圖	雍正九年四月作於廣陵美成草堂，瘦瓢山人。	E	TH-13、CH-14 廣州市美術館
4504 人	101×115.5cm	鍾馗倚樹圖	雍正九年五月閩中黃慎寫。	A	《圖目六》蘇10-163、AY-98 揚州市博物館
4505 人	軸 167.4×94cm	鍾馗執蒲圖	雍正九年端陽日閩中黃慎寫。	A	FH-27 南京博物院

4506人	軸 117× 58.5cm	鍾馗圖	雍正九年端五日閩中黃慎寫。	A	TH-12、CH-15 廣州市美術館
4507人	軸 167× 94cm	鍾馗圖	雍正九年端午日閩中黃慎寫。	A	《圖目六》 蘇 19-33 江蘇省美術館
4508人	軸 148.6× 110.5cm	鍾馗圖	雍正九年天中節黃慎敬圖。	A	TH-11、CH-13 南京博物院
4509人	軸 122.4× 53.7cm	盲叟圖	雍正九年十二月閩中黃慎寫。	A	TH-14、CH-16、FH-14 天津市藝術博物館
4510人	軸 126× 58.5cm	攜琴仕女圖	樂哉新婚,鼓瑟鼓簧;為以旨酒,載笑載觴。悠悠長道,露浥碧草;愁來煎心,匪不我好。歷歷三臺,下土徘徊;今我不樂,日月相摧。仰視霄漢,出門天旦;鋏好誰彈?長吁累嘆。雍正三年秋寫於三山草廬。雍正九年十二月寫於美成草堂,閩中黃慎。	A	FH-22 瀋陽故宮博物院
4511人	軸 124.7× 64.7cm	人物圖	雍正九年嘉平月閩中黃慎寫。	A	《圖目六》 蘇 6-204 無錫市博物館藏
4512人	橫軸	賞畫圖			揚州市文物商店
4513人	軸 150.3× 40.9cm	仕女人物圖			《文人畫粹編》

46歲 雍正十年 壬子 1732年

代號	形 式	作品名稱	款文錄要	題署類型	刊載處／收藏處
4601人	軸	天官賜福圖	雍正壬子年新歲黃慎敬寫。	A	TH-15、CH-17 揚州市博物館
4602人	軸	韓琦簪金帶圍圖	雍正十年閩中黃慎寫。	A	日本
4603人	橫軸 82× 96cm	人物圖			北京故宮博物院
4604人	30.8× 59.5cm	山光江月圖	山光圍一郡,江月照千家。雍正十年春王月,寧化黃慎寫。	A	中國嘉德2005春

47 歲　雍正十一年　癸丑　　1733 年

代號	形　式	作品名稱	款文錄要	題署類型	刊載處／收藏處
4701 禽	軸 139.6×58.7cm	蓮塘雙鴨圖	雍正十一年春二月黃慎寫。	A	TH-16、CH-18《圖目六》蘇 6-205 無錫市博物館
4702 人	折扇面	三仙圖	雍正十一年春三月寫於廣陵美成草堂，閩中黃慎。	A	《圖目十一》浙 35-145 浙江省寧波市天一閣文物保管所藏
4703 人	軸 94×53.5cm	張果老倒騎驢圖	雍正十一夏四月寫年閩中黃慎。	A	FH-30《圖目一》京 10-073 北京市工藝品進出口公司藏
4704 人	折扇面	仕女圖			私人藏
4705 人	折扇面	山水人物圖			雲南博物館

48 歲　雍正十二年　甲寅　　1734 年

代號	形　式	作品名稱	款文錄要	題署類型	刊載處／收藏處
4801 人	折扇面	賞花圖			浙江寧波市天一閣文物保管所
4802 人	橫軸 88.2×96.4cm	紫陽問道圖	雍正十二夏四月年閩中黃慎寫。	A	AY-101 臺北故宮博物院
4803 人	軸 99.2×65.7cm	鍾馗倚樹圖	雍正十二年端陽日，閩中黃慎敬寫。	A	TH-19、CH-20 揚州市博物館
4804 人	軸 121×53.6cm	麻姑圖	雍正十二年五月閩中黃慎寫。	A	《圖目十六》吉 1-210 吉林省博物館
4805 人	軸 149×87cm	東坡玩硯圖	題蘇東坡《端硯銘》。雍正十二年六月寫於廣陵美成草堂，閩中黃慎。	A	TH-17、CH-19 上海博物館
4806 花	卷 28.5×291.7cm	四時花卉圖 1. 牡丹 2. 玉蘭 3. 芍藥	1. 積雨江城歇昨宵，石家錦幄便妖嬈。粉殘夜濕霓裳冷，香暖新晴絳雪驕。視草中書憐綺語，舞風公子宕宮腰。因知野	A	TH-22～23　遼寧旅順博物館

		4. 芙蓉 5. 玉簪 6. 水仙 7. 梅花	客山居久，故使紅妝破寂寥。雍正十二年長至日寫於美成草堂，閩中黃慎。 2. 乍剪春風錦繡香，誰憐鐵石是心腸。知君不愛胭脂抹，墨蘸徐妃半面妝。 3. 櫻桃初熟散榆錢，又是揚州四月天。昨夜草堂紅藥破，獨防風雨未成眠。 4. 湘帘自啓坐空堂，白晝閑抄肘後方。近水芙蓉秋意淡，一番雨過一番涼。 5. 蔚藍天氣露華新，准拾閑階寶玉珍？不識搔頭能倍價，只今猶憶李夫人。 6. 誰憐瑤草自先春，得得東風立水濱。濕透湘裙剛十幅，宓妃原是洛川神。 7. 夜深雪水自煎茶，忽憶山中處士家。記取寒香清徹骨，至今無夢到梅花。		
4807 人	軸 134.2× 71.3cm	漁翁得利圖	雍正十二年長至日閩中黃慎寫。	A	TH-18、CH-21 江蘇鎮江市博物館
4808 冊	冊 30.3× 15.8cm 不等	花卉、山水圖 1. 清江行舟 2. 深山古寺 3. 佛手、荸薺 4. 茶花	1. 慣得江山趣，扁舟是客廬。浪遊忘歲晚，何暇嘆歸歟。朝盥鄱陽水，暮烹湖口魚。舉杯遲月上，光照半艙書。 2. 迎氣當春立，承恩雪來。潤從河漢下，花逼艷陽開。不睹豐年瑞，安知燮理才。撒鹽如可擬，願摻和羹梅。雍正十二年長至日寫。 3. 瘦瓢。 4. 春早橫招桃李妒，歲寒不受雪霜侵。	C	圖目六蘇 6-60 無錫市博物館
4809 冊	冊 31× 43.5cm	紀遊圖山水冊 1. 深山古刹 2. 孤峰煙雨 3. 小姑行舟 4. 松門石鏡 5. 幽谷人家 6. 溪山亭樹 7. 茅亭野渚 8. 江廬雪岸	1. 日出皖江天，兒童戲岸邊。 2. 一天春雨歇，煙火遍新晴。鐘破孤峰寂，花憐淡月生。龍門回遠水，鰲背瞰高城。抱子看雲上，相將快此情。 3. 松門開石鏡，曾照幾人過？為訪投書浦，長懷《五噫》歌。一肩擔雨雪，半世老風波。何日能歸去？結茅衣薜蘿。		TH22～29 廣東省博物館

			4. 舟如九節杖，拄到小姑山。閣接江東雨，雲歸湖口關。履險誠平素，捨身愛此閑。信有寒潮約，千秋鑒我顏。 5. 草亭飛萬竹，苔蘚上平欄。曉月鴉聲落，秋香蝶夢殘。酒連今日病，衾破舊時寒。歸計鄱陽水，相思十八灘。 6. 獨有清溪上，環看面面山。野鳧回浦曲，秋卉向人閑。洞口朝歸去，石門夜不關。會心多勝事，流水響潺潺。 7. 故園春握手，古寺遇嚴多。愧我黑裘敝，傷君綠鬢蓬。月痕窺凍井，霜氣入殘鐘。一別寒山意，孤蹤幾萬重。 8. 江南花事爛，又是著單衣。市賣櫻桃熟，廚燒竹筍肥。行吟新草履，歸臥白雲扉。習俗年米減，逢人話鮮圍。		
4810 人	軸 156×81cm	騎驢採梅圖	雍正十二年長至日寫於廣陵美成草堂間中黃慎。	A	瀋陽故宮博物院
4811 禽	軸 110×51cm	毫耋圖	雍正十二年嘉平月寫於廣陵美成草堂閩中黃慎。	A	福建省寧化縣博物館
4812 山	橫軸 74.5×92cm	溪山精舍圖	夜雨寒潮憶敝廬，人生只合老樵漁。五湖收拾看花眼，歸去青山好著書。雍正十二年冬至前一日寫於美成堂，閩中黃慎。	A	揚州市文物商店
4813 冊	冊	人物、山水圖			日本東京國立博物館
4814 人	軸	鍾馗圖			上海博物館
4815 山	軸 93.9×41.4cm	柳陰魚艇圖			
4816 人	軸	騎驢尋梅圖			《古代書畫過目匯考附目》
4817 花	卷 22×221.7cm	花卉圖			《古緣萃錄》
4818 人	164.5×148.5cm	八仙圖	雍正十二年六月閩中黃慎寫。	A	中貿聖佳 2005 春季拍賣會 http://pm.findart.com.cn/1291512-pm.html 2009 年 12 月 11 日下載

49 歲　雍正十三年　乙卯　1735 年

代號	形　式	作品名稱	款文錄要	題署類型	刊載處／收藏處
4901 山	卷 31.3×150cm	楊柳庄院圖	雍正乙卯春三月寫於嵩南舊堂，癭瓢子黃慎。	C、A	日本・東京國立博物館
4902 人	軸 122×54.5cm	麻姑晉酒圖	雍正十三年春三月寫，黃慎。	A	《圖目十八》贛4-20 江西省婺源縣博物館
4903 人	卷 37.5×333cm	公孫大娘弟子舞劍器圖	（杜甫《公孫大娘弟子舞劍器行》全詩），雍正十三年下四月寫於嵩南草堂，閩中黃慎。	A	《圖目八》津6-18 天津市文物公司
4904 人	冊 27.9×44.5cm	人物、山水圖 1.雪溪策驢圖 2.柳岸棹舟圖 3.秋江古樹圖 4.江干書屋圖 5.鄱湖飛帆圖 6.烟雨歸棹圖 7.韓琦簪花圖 8.楚丘謁孟嘗圖 9.陳摶出山圖 10.老子論道圖 11.仕女圖 12.東坡天硯圖	1.送君微雨雪花天揚子江頭鴨嘴船。歸到寧陽如有問，疲驢破帽過年年。余往來江東，已經十餘年矣。乙卯春，攜家歸閩，臥故林。輒憶負詩瓢，泛鄱陽，送客渡揚子時，歷歷如在目前。因漫塗數紙，復摹人物六幅，合成二冊，並紀。雍正十三年秋九月寫，癭瓢山人黃慎。 2.江南江北渺煙波，夜雨漁燈冷釣蓑。又見王孫芳草綠，柳絲偏繫客情多。 3.一天秋水外，隱隱棹歌來。江上招歸鶴，籬邊問野梅。晚煙隱都屋，新月見蒼苔。掃地葉還落，閉門風自開。 4.夜雨寒潮憶敝廬，人生只合老樵漁。五湖收拾看花眼，歸去青山好著書。 5.江豚十日狂風惡，鼓鬣鰌魚意轉揚。此日一天風浪靜，飛帆十副出鄱陽。 6.來往空勞白下船，秦樓楚館總堪憐。但餘一卷新詩草，聽雨江湖二十年。 7.廣陵芍藥甲天下，興洛陽牡丹並稱。居人以治花相尚，方春之月，拂旦有花市焉。其品之上者有：冠群芳、寶妝成、畫天工、曉妝新、點妝紅之名，凡三十二種。有紅辦黃腰號金帶圍，本無常種。此花見，則城中出宰相。韓魏公守廣陵	E、A	TH-30～41、CH-40～63 北京故宮博物院藏

日，一出四枝，公選客具宴以
賞之。時王岐公以高科爲倅，
王荊公以名士爲屬，皆在選。
尚闕其一，私念有過客召使當
之。及暮，報陳太傅來，亟使
召至，乃秀公也。後俱入相。

8. 楚邱先生行年七十，披裘帶索
見孟嘗君。君曰：先生老矣，
春秋高矣，多遺忘矣：何以教
之。楚邱曰：噫，將使我追車
而赴馬乎，投石而超距乎，逐
麋鹿而搏虎豹乎，何假老矣。
使我出正詞而當諸侯乎，決嫌
疑而定猶豫乎，吾始壯矣，何
老之有。

9. 宋雍熙元年，華山隱士陳摶入
朝。太平興國中，摶兩人朝，
帝待之甚厚。至是，復來見。
帝益禮重，曰：「摶獨善，不干
勢利，所謂方外之士也。」遣
中使送至中書。宋琪等從容問
曰：「先生得玄默修養之道，可
以教人乎？」摶曰：「摶山野之
人，於時無用，亦不知神仙黃
白之事，吐納養生之理，非有
方術可傳。假令白日飛天，亦
何益於世？今聖上龍顏秀異，
有天日之表，博達古今，深究
治亂，眞有道仁聖之主也。正
君臣協心同德，興化致治之
時，勤行修煉，無出於此。琪
等以其語白帝，益重之，詔賜
回希夷先生」。

10. 老相傳見來久，歲年雖變貌長
新。

11. 芙蓉爲帳金爲堂，冷落流蘇百
和香。額角有傷求獺髓，縣門
五日化鴛鴦。軟風委地春花
晚，明月當天繡戶涼。一自蕭
郎經別後，舞衣閑疊合歡床。
春風吹遍內人家，空駐門前衛
蚧車。箏響乍聞銀指甲，歌聲
猶記玉臺花。無情不解愁腸
斷，漫道相思戀物華。試問姑
蘇荒草色，美人曾悔浣溪沙。
十三初選出良家，弱質人稱蕚
綠華。春至可憐迎社燕，秋來

			怕見斷腸花。日新其德惟君彥，心鯁難明不我嘉。忍使孤鶯傷故影，夜深清淚滴紅紗。誰似盧家有莫愁，斂眉知汝獨懷憂。朝朝暮暮多青樹，雨雨風風楊葉洲。音徹銀河搖鳳尾，夢歸珠帳授龍頭。空嗟秋水伊人邈，何日相從憶溯遊。覆射分曹錯酒籌，巫雲楚雨照秦樓。蓬萊不見青鸞信，渤海空懷白帝秋。漫鼓湘靈哀錦瑟，愛他麗玉引箜篌。文君自失求凰操，難寫芳心嘆白頭。雙龍畫燭吐青煙，寶瑟閑揮五十弦。鬢墮盤雲光殿角，裾如飛燕落筵前。舞腰一尺愁何減，淚眼盈波誰見憐？堪笑阮郎空望，藍橋回首即神仙。雲屏寒幟燕姬妍，繡被爐香夜未然。頻惜寸陰輕尺璧，暗將心事擲金錢。語調鸚鵡情何耻，珠落檀槽意可憐。不見魚鱗三十六，蓬壺弱水隔三千。蟾滿清光十二樓，別時容易憶依不？田田荷葉絲絲雨，白白蘆花點點秋。舊摺縷衣雲剪斷，鏤成金帶玉含愁。胭脂山下年年雪，深怪良人不取侯。相逢齊唱狹邪邊，眼見春歸春可憐。自是銀瓶悲斷綆，空餘金鎬鎖遺鈿。青絲白馬垂楊岸，錦纜牙檣澤國天。忽憶昭陽承寵客，還能貼地有金蓮。瓊枝誰得艷紅裳，偷笑還疑響屧廊。破鏡終歸陳後主，焦桐應識蔡中郎。褻情似繭成蠶縛，底事營巢類燕忙。惆悵春宵復何益？空教少婦織流黃。無題十首書於嵩南舊草堂 12（蘇軾《天硯銘記》）	
4905 人	折扇面	東山觴詠圖		蘇州文物保管會
49076人	軸 164×58.5cm	老叟捧梅圖		福建省拍賣行2002春季拍賣會
4907 人	軸	判官圖		揚州市博物館
4908 人	冊	美人圖		《三萬六千頃湖中畫船錄》著錄

代號	形　式	作品名稱	款文錄要	題署類型	刊載處/收藏處
4909 人	軸	洛神圖			《三萬六千頃湖中畫船錄》著錄

50 歲　乾隆元年　丙辰　1736 年

代號	形　式	作品名稱	款文錄要	題署類型	刊載處/收藏處
5001 禽	橫軸	三羊圖			北京故宮博物院
5002 冊	冊	人物、花卉、山水圖 1. 伯樂相馬圖 2. 蘇武牧羊圖 3. 牛背醉歸圖 4. 採茶老翁圖 5. 山水圖一 6. 山水圖二 7. 山水圖三 8. 山水圖四 9. 牡丹圖 10. 水仙圖 11. 芍藥圖 12. 玉簪花圖	1. 兩驂已負王良御，一顧應逢伯樂鳴。 2. 漢蘇武出使，海上牧羝羊，下乳乃得歸。持漢節牧羊臥起，時節旄盡落。 3. 兒女醉扶黃犢背，山花斜插帽簷歸。 4. 紅塵飛不到山家，自採峰頭玉女茯。歸去溪雲攜滿袖，曉風吹亂碧桃花。 5. 送君微雨雪花天，揚子江頭鴨嘴船。歸到寧陽如有問，疲驢破帽過年年。乾隆元年十一月，閩中黃慎寫。 6. 船回載酒客，樓倚獨吟人。 故人過我草堂東，不問明朝米甕空。擎著燭臺成習氣，夜來還照鶴翎紅。 7. 來往空勞白下船，秦樓楚館總堪憐。但餘一卷新詩草，聽雨江湖二十年。 8. 夜雨寒潮憶敝廬，人生只合老樵漁。五湖收拾看花眼，歸去青山好著書。 9. 故人過我草堂東，不問明朝米甕空，擎著燭臺成習氣，揭簾先照鶴翎紅。 10. 誰憐瑤草自先春，得得東風立水濱。濕透湘裙剛十幅，宓妃原足洛川神。 11. 乍剪春風錦繡香，誰憐鐵石是心腸。知君不愛胭脂抹，墨蘸徐妃半面妝。 12. 蔚藍天氣露華新，誰拾閑階寶玉珍。不識搔頭能倍價，至今猶憶李夫人。	A	CH-308～319 無錫市博物館
5003 山	冊	山水圖		A	瑞士私人藏

51 歲　乾隆 2 年　丁巳　1737 年

代號	形　式	作品名稱	款文錄要	題署類型	刊載處／收藏處
5101 人	軸	鍾馗圖	乾隆二年春王月寫於雙江仍漏齋，閩中黃慎。	A 型	TH-42、CH-64 泰州市博物館
5102 冊	冊 33.5×24cm	人物、山水草書詩 1.秦淮秋色圖草書七律兩首 2.老叟琴鶴圖草書七律兩首 3.策驢圖草書七律兩首 4.白門春思圖草書七律兩首 5.韓公簪花圖草書七律兩首 6.夕陽歸牧圖草書七律兩首 7.壇邊醉夢圖草書七律兩首 8.蓼灘釣舟圖草書七律兩首 9.秋山古寺圖草書七律兩首 10.南朝古寺圖草書七律兩首 11.東坡賞硯圖草書七律兩首	1.秦懷日夜大江流，何處魂銷燕子樓？砧搗一聲霜露下，可憐都作石城秋。 2.（蘇東坡《放鶴亭記》中放鶴招鶴之歌）。 3.三山門外望平蕪，春草春煙叫鷓鴣。撲面梨花寒食雨，蹇驢又過莫愁湖。 4.柳眼青青送客過，白門草色近如何？明朝猶有故園思，燕子來時風雨多。 5.芍藥青紅瓣，而黃腰者號金帶圍，本無常種此花，見則城內之宰相韓魏公家。廣陵日，一出四枝，公選客具宴以賞之，時王岐公以高科為倅，王荊公以名士為屬，皆在選中，尚闕其一，私乏青過客召使當之，及暮，招陳太傅來，亟使召至乃秀公也，後四公皆入相。 6.春來雨洗讀書堂，坐拂花茵愛石床。門外秧針新綠遍，犢歸村巷背斜陽。 7.不負青天睡這場，松陰落盡尚黃粱。夢中有客剜腸看，笑我腸中只酒香。 8.籃內河魚換錢，蘆花被裡醉孤眠。每逢風雨不歸去，紅蓼灘頭泊釣船。 9.瘦瓢杖笠意何求？只學孤狐老此丘。回首問天思往事，一聲黃葉寺門秋。 10.十年客類打包僧，無怪秋霜兩鬢鬍。歷盡南朝多少寺？讀書頻借佛龕燈。 11.與墨為入，玉靈之食，與水為出，陰鑑之液。懿矣茲石，君子之側，匪以玩物，惟以觀德。		TH-43～53、CH-65～75 廣東省博物館藏《圖目十三》粵 1-729

5103 山	折扇面 18 ×53.4cm	山水圖			北京故宮博物院
5104 花	冊	花卉圖			上海博物館
5105 人	軸 29× 270.5cm	陳子昂碎琴圖			紐蘇 90-109

52 歲　乾隆 3 年　戊午　1738 年

代號	形　式	作品內容 ／年月	款文錄要	題署 類型	刊載處／ 收藏處
5201 冊	冊 26.5× 24	雜畫冊 1. 漂母圖 2. 秋菊圖 3. 桐實圖 4. 蟬柳圖 5. 老叟調鶴圖 6. 溪山坐眺圖 7. 柳溪行舟圖 8. 風雨歸舟圖 9. 櫻笋圖	1. 乾隆三年春三月寫於嵩南舊堂，黃慎。 2. 不羞老圃秋容淡，長看黃花晚欲香。 3. 儂愛桐花桐花多。 4. 溪石秋蓮。 5. 生平夢夢揚州路。 6. （無款） 7. （無款） 8. （無款） 9. 惜別春風楊柳綠。		TH-54～62、CH-76～85 常州博物館藏
5202 冊	冊 23.1× 48.1cm	山水圖 12	1. 坐看。 2. 雲起。瘦瓢 3. 夜雨寒潮億敞廬，人生只合老樵漁。五湖收拾看花眼，歸去青山好著書。瘦瓢。 4. （無款） 5. 三山門外望平蕪，青草春煙響鷓鴣，撲面梨花寒食雨，蹇驢又過莫愁湖。黃慎。 6. 鑿石琢山骨，愛此黃山松。夜半高人屋雪雨化亂龍。瘦瓢。 7. （無款） 8. 來往空勞白下船，秦樓楚館總堪憐。但餘一卷新詩草，聽雨江湖二十年。黃慎。 9. （無款） 10. 秦淮日夜大江流，何處魂銷燕子樓。砧搗一聲霜露下，可憐都化石城秋。 11. 籃內河魚換酒錢，蘆花被裏醉紅眠，每逢風雨不歸去，紅蓼灘頭泊釣船，寧化黃慎。瘦瓢子。		泉屋博古中國繪畫 103～107 日本京都泉屋博古館藏

5203 山	軸 180× 92cm	風雨歸舟圖	橫涂直抹氣窮窿，不與人間較拙工。醉裏那知不是我，憑他笑似米宮。乾隆三年十二月寫，寧化黃慎。		《圖目八》晉1-141 山西省博物館
5204 人	軸	鍾馗圖			泰州市博物館
5205 山	折扇面	米點山水圖			美‧紐約私人藏

53 歲　乾隆 4 年　己未　1739 年

代號	形　式	作品名稱	款文錄要	題署類型	刊載處／收藏處
5301 冊	冊 30.3× 31.7cm	人物、花卉、山水、草書詩 1. 李鄴侯賞海棠圖 2. 李璡逢曲車圖 3. 長江帆影圖 4. 柳州垂釣圖 5. 秋江古岸圖 6. 梅草堂圖 7. 桃花圖 8. 玉簪花圖 9. 疏柳鳴蟬圖 10. 水仙圖	1.（無款） 2. 汝陽三斗始朝天，道逢曲車口流涎。 3. 潮平兩岸闊，風正一帆懸。 4. 籃內河魚換酒錢，蘆花被裡醉孤眠。每逢風雨不歸去，紅蓼灘頭泊釣船。 5. 秦淮日夜大江流，何處魂銷燕子樓。砧搗一聲霜露下，可憐都化石城秋。 6. 寄取桓玄畫一櫥，草堂仍是舊規模。膽瓶自插梅花瘦，長憶春風乞鑒湖。乾隆四年春王正月寫，寧化黃慎 7. 一年一度花上市，限底揚州十二春。冷冷東風開燕剪，碧桃細柳雨中新。 8. 蔚藍天氣露華新，准拾閑階寶玉珍？不識搔頭能倍價，只今猶憶李夫人。 9. 無人信高潔，誰爲表予心？ 10. 誰憐瑤草自先春，得得東風立水濱。濕透湘裙剛十幅，宓妃原是洛川神。		《圖目十四》閩1-056 福建省博物館藏
5302 人	軸 90× 47.5cm	抱箏仕女圖	繡被難溫倚半床，洗空秋月照雕梁。書成顛倒鴛鴦字，夢破還餘崦叭香。詠雪庭中推謝女，鳴箏筵上顧周郎。晚妝露冷添衣薄，窗影偷窺鬢影長。乾隆四年十二月寫句意一首，呈勉翁大先生教正，寧化黃慎。	A	FH-22 貴州省博物館

54 歲　乾隆 5 年　庚申　1740 年

代號	形　式	作品名稱	款文錄要	題署類型	刊載處／收藏處
5401 人	折扇面	採藥憩石圖	西州城裏拜徵君，誰是飄然鸞鶴群？眼底麝香連嶽草，袖中雲影散溪紋。從來去住無行跡，不與尋常逐世紛。此日相逢應莫問，也知名姓上清聞。乾隆庚申花朝月恭為樂老五先生削政，寧化黃慎寫。	A	小萬柳堂藏
5402 人	卷 42.6×95cm	王樂圃松陰讀書圖	乾隆五年青月寫，寧化黃慎。	A	《圖目二十三》京 1-5510 北京故宮博物院
5403 人	軸 136×63cm	負孫圖	乾隆五年春三月寫，閩中黃慎。	A	FH-15 瀋陽故宮博物館
5404 冊	冊	人物圖 1. 尼父擊磬圖 3. 鐵拐醉眠圖 3. 攜琴仕女圖 4. 老叟觀鶴圖 5. 老子論道圖	1. 氣化雷，大聲吼，驚醒尼父周公夢。蕭衣冠，神抖擻。考石有音惟泗濱，捨此而求更何有？神哉符節奏。 2. 吞雲作霧遍天涯，不問人間路賒。攝著芒鞋雙足健，醉來還夢十洲花。 3. 金鴨香消冷繡幃，卻憐酒醒換春衣。蓮塘妒殺雙栖翼，打得鴛鴦對對飛。開到棠梨燕未知，鸞箋書破定情詩。燈前無語羞郎抱，愁壓春寒小立時。風墮輕雲氣吐蘭，畫衣猶自怯春寒。粉勻朝浥荼蘼露，不語臨風斗玉盤。 4.（無題款） 5. 銅柱銷磨海盡塵，乾隆五年三月寫於鄞江官署，黃慎。	A	《黃慎畫集》榮寶齋畫譜
5405 人	折扇面	老子論道圖	西州城裡拜徵君，誰是飄然鸞鶴群。眼底麝香迷嶽草，袖中雲影散溪紋。從來去住無行跡，不與尋常逐世紛。此日相逢應莫問，也教名姓上清聞。乾隆五年三月寫寧化癭瓢子。	D	TH-64、CH-116 首都博物館
5406 山	卷	桃柳春江圖			臺北故宮博物院
5407 冊	冊 30×24cm	寫生山水、草書詩 1. 眺燕子磯圖	1. 十年江漢客，今始浩然歸。臘雪梅花嶺，春風燕子磯。每懷香稻熟，還憶藥苗肥。望望家		CH-90～115 山東濟南市博物館藏

2.草書七律一	山月，其如知者稀。眺燕子		
3.寒山峽雨圖	磯。		
4.草書七律二	2.自我入江東，南來碧海通。一		
5.廣陵湖上圖	番上峽雨，幾摺落帆風。敢謂		
6.草書七律三	茹荼苦，終無分寸功。買絲歸		
7.登小姑山圖	作釣，放蕩滄浪翁。寒山峽		
8.草書七律四	雨。		
9.贛灘疊翠圖	3.城壕絲管集，爭待水關開。畫		
10.草書七律五	舫垂楊外，歌兒皓齒來。閑尋		
11.秋日蛟湖圖	八蠟廟，時訪鬥雞臺。三月春		
12.草書七律六	光暮，相逢莫拒杯。廣陵湖		
13.梅川翠洞圖	上。		
14.草書七律七	4.舟如九節杖，拄到小姑山。閣		
15.舟發鄱陽圖	接江東雨，雲歸湖口關。卻忘		
16.草書七律八	雙履險，愛此捨身閑。信有寒		
17.過彭澤縣圖	潮約，千秋鑒我顏。登小姑		
18.草書七律九	山。		
19.望玉皇閣圖	5.峽險灘成曲，篙師力有神。水		
20.草書七律十	聲吞石鏟，岸勢走江春。寄食		
21.湖亭曉望圖	奔吳楚，浮家常苦辛。計程歸		
22.草書七律十	日近，小隱好裁巾。贛灘疊		
一	翠。		
23.閩嶠雪梅圖	6.有客武昌去，三年尚不還。只		
24.草書七律十	今看夜月，獨自向溪山。秋色		
二	荒村裡，寒聲落葉間。無人知		
	來往，寂寞掩松關。秋日蛟		
	湖。		
	7.泉飛開絕壁。珠落散晴沙。鑿		
	石種桃樹，穿雲摘齊茶。龍歸		
	山挾雨，鹿出徑銜花。十二峰		
	羅列，仙人第一家。梅川翠		
	洞。		
	8.峰回招五老，冬暖出鄱陽。湖		
	口石圍郭，孤山水作鄉。蛟潭		
	龍女靜，鮫室素娥妝。搖曳中		
	流去，溟鴻天際長。舟發鄱		
	陽。		
	9.地經彭澤縣，今尚憶陶公。水		
	掠孤鳧綠，山翻落葉紅。低辭		
	五斗粟，剩得一江風。甲子猶		
	書晉，高懷准與同？過彭澤		
	縣。		
	10.別殿規模古，寒巖疊夕陰。到		
	天才尺五，拔地直千尋。龍化		
	葛坡（陂）杖，峰懸玉女針。		
	自知人世忤，徒有帝鄉心。望		
	玉皇閣。		

代號	形　式	作品名稱	款文錄要	題署類型	刊載處／收藏處
			11. 南州催曉發，暮上望湖亭。水涸沙紋見，風回魚市腥。停橈呼買酒，賽願復揚舲。遙指蒼冥處，廬峰一點青。湖亭曉望。 12. 此翁海上歸，萬里拂征衣。掎劍劃南嶽，策驢遊帝畿。到家釀秫酒，編荊（無款）護柴扉。冬日尋幽事，梅花人雪肥。閩嶠雪梅。		
5408 冊	冊 29.8×23.5cm	花卉、草書詩 1. 雪壓山茶圖 2. 枝垂龍爪圖 3. 秋棠垂葩圖 4. 籬角牽牛圖 5. 雁紅雙蝶圖 6. 晚花狹蝶圖 7. 薇柳鳴蟬圖 8. 細雨桃花圖	1. 乾隆五年六月，寫於鄞江郡齋，寧化黃慎。	A	《圖目二十三》京 1-5511 北京故宮博物院藏
5409 花	折面扇	沒骨菱藕圖	納涼憶剝分蓮子寫呈毅翁老公祖大人粲寧化黃慎。	A	《圖目二十三》京 1-5528 北京故宮博物院藏
5410 人	軸	鐵拐李圖	洗藥每臨新瀑水，步虛時上最高峰。乾隆五年秋九月寫，寧化黃慎。	A	《中國美術史稿》-213
5411 書	折扇面	草書七律			CH-406 首都博物館藏
5412 山	軸	岩壁題名圖			支那名畫集一
5413 人	橫軸 67×80cm	問道圖			南京市博物館
5414 書	軸	草書詩			首都博物館
5415 人	軸 38×31cm	人物圖			北京保利 2008 春季拍賣會

55 歲　乾隆 6 年　辛酉　1741 年

代號	形　式	作品名稱	款文錄要	題署類型	刊載處／收藏處
5501 花	軸 116.1×88.1cm	曼倩荻桃圖	乾隆六年五月寫，寧化黃慎。	A	西安美術學院
5502 人	軸 238×120cm	舉杯邀月圖			安徽休寧縣私人

56 歲　乾隆 7 年　壬戌　1742 年

代號	形　式	作品名稱	款文錄要	題署類型	刊載處／收藏處
5601 山	軸 182×95cm	雪騎探梅圖	騎驢踏雪爲詩探，送盡春風酒一顧。獨有梅花知我意，冷香猶可較江南，乾隆七年六月寫於芙蓉草堂，慎。	B	FH-86 瀋陽故宮博物院館藏
5602 人	軸 163.5×83cm	呂洞賓像	乾隆七年十二月寫於豸峰之下，寧化黃慎。	A	FH-31 四川省博物館藏

57 歲　乾隆 8 年　癸亥　1743 年

代號	形　式	作品名稱	款文錄要	題署類型	刊載處／收藏處
5701 人	軸 170×92.5cm	麻姑晉酒圖	乾隆八年春三月寫於美成堂，蕊圃黃慎。	F、A	《圖目十四》閩 1-057 福建省博物館藏
5702 人	軸	蘇武牧羊圖	黃鵠一遠別，千里顧徘徊。胡馬失其群，思心常依依。何況雙飛龍，羽翼臨當乖。幸有弦歌曲，可以喻中怀：請爲游子吟，冷冷一何悲？絲竹厲清聲，慷慨有餘哀。長歌心激烈，中心愴以摧。欲展清商曲，念子不能歸。僥仰內傷心，淚下不可揮、願爲雙黃鵠，送子俱遠飛。乾隆八年夏四月寫於燕水，寧化黃慎。	A	FH-18 北京故宮博物院藏
5703 山	軸 167×95.4cm	踏雪尋梅圖	乾隆八年五月寫寧化美成草堂，閩中黃慎。	A	《中國名畫賞析 II》P247、《圖目一》京 12-299 北京市文物商店
5704 人	軸 205.1×122.3cm	三仙煉丹圖	乾隆八年六月寫於翠華草堂，閩中黃慎。	A	臺北故宮博物院
5705 冊	冊 36.9×28.4cm	書畫合冊 1.滄波釣艇圖 2.停琴倚石圖 3.韓公簪花圖 4.折枝石榴圖 5.險灘行舟圖 6.風雪行旅圖	1.一臥滄波老釣徒，故人夜雨憶三昊，大江東去成天塹，處處春山叫鷓鴣 2.惟倚梧之所生兮；託峻嶽之崇岡。披重壤臥涎載兮，參辰極而高驤、含天地之醇和兮，吸日月之休光。郁紛紜以獨茂兮，飛英蕤於吳蒼：夕納景於	A	CH296-307 南京博物院藏

代號	形　式	作品名稱	款文錄要	題署類型	刊載處／收藏處
			虞淵兮，且晞干于九陽。經千載以待價兮，寂神躊而永康。 3. 芍藥青紅瓣，而黃腰者號金帶圍，本無常種此花，見則城內之宰相韓魏公家。廣陵日，一出四枝，公選客具宴以賞之，時王岐公以高科爲倅，王荊公以名士爲屬，皆在選中，尚闕其一，私乏青過客召使當之，及暮，招陳太傅來，亟使召至乃秀公也，後四公皆入相。 4. 山深秋老無人摘，自進明珠打雀兒。 5. 九瀧風雨暗長宵，夜送灘聲倒海潮。岸眺蛤蟆穿錦襖，溪春玉粒愛長腰；飛船直向危瀾下，裂石何妨助水驕，誰謂經過肝膽破，安沙樵爨不崇朝。 6. 昨夜飛花苦不多，朝來起視白峨峨。一行衣帽風中去，半日關山雪裏過。乾隆八年秋七月寫於美成草堂，寧化黃慎。		
5706 人	軸 167×83.5cm	福從天降圖	乾隆八年秋七月寫，黃慎。	A	上海朵雲軒 1997年秋季拍賣會
5707 人	軸	麻姑晉酒圖			高居翰景元齋
5708 人	軸 171×77cm	東方朔偷桃圖	乾隆八年秋九月寫於美成堂，瘿瓢黃慎。	C、A	瀋陽故宮博物館
5709 書		草書自作五律 12 首			
5710 人		漁翁漁婦圖	漁翁晒網趁斜陽，魚婦攜筐入市場。換得城中鹽菜米，其餘沽酒出橫塘。乾隆八年夏四月寧化黃慎。	A	上海老城隍廟 2001 秋季拍賣會-74

58 歲　乾隆 9 年　甲子　1744 年

代號	形　式	作品名稱	款文錄要	題署類型	刊載處／收藏處
5801 人	軸 171×115cm	降福圖	乾隆九年春王正月寫於美成堂，寧化黃慎。	A	上海老城隍廟 2001 春拍
5802 人	軸 67.3×87.2cm	群盲聚訟圖	一腔於熱血，兩顆失明珠。聚訟知何事？乾坤笑腐儒。乾隆九年二月寧化黃慎。	A	CH-118、《圖目六》蘇 1-372 蘇州市博物館

5803 人	軸 128.3× 48.9cm	飯牛圖			大英博物館
5804 人	軸	麻姑圖	乾隆九年六月寫於芝山堂，寧化黃慎。	A	私人藏
5805 人	軸	探珠圖	乾隆九年秋七月寫於榕城草堂，寧化黃慎。	A	北京榮寶齋拍賣會
5806 山	軸	雪騎覓句圖	詩客騎驢過橋去，不因覓句便尋梅。乾隆九年小春月寧化黃慎恭壽氏寫。	A、G	上海人民美術出版社
5807 冊	冊 33.5× 45.9cm	花卉圖 1.牡丹 2.桃花 3.水仙 4.玉簪 5.芍藥 6.梅花	1. 故人過我草堂東，不問明朝米甕空，摯著燭臺成習氣，揭簾先照鶴翎紅。 2. 一年一度花上市，眼底揚州十二春。冷冷東風開燕剪，碧桃細柳雨中新。 3. 誰憐瑤草自先春，得得東風立水濱，溼透湘裙剛十幅，宓妃原是洛川神。 4. 蔚藍天氣露華新，誰拾閒皆寶玉珍，不識搔頭能倍價，只今猶憶李夫人。 5. 乍剪春風錦繡春，誰憐鐵石是心腸。知君不愛胭脂抹，墨蘸徐妃半面粧。 6. 一筇一笠一瓢，愛向峰頭把鶴招。莫道歸來無故物，梅花清福也難銷。。乾隆九年小春月，寧化黃慎寫。	A	故宮花鳥集 臺北故宮博物院
5808 人	軸 137× 64cm	漁翁圖	羨煞清江白髮翁，獨披蓑笠傲王公。生涯只在菰蒲裏，和雨和風捲釣筒。乾隆九年十二月寫，寧化黃慎。	A	《圖目六》魯7-71 山東煙臺市博物館
5809 人	軸	《琵琶行》詩意圖			山西省博物館
5810 書	軸 108.7× 60.4cm	草書七絕三首			上海博物館
5811 冊	冊 22.6× 31cm	別有風味圖			故宮博物院
5812 人	軸 207× 114cm	獻琴圖			北京榮寶齋拍賣會

代號	形式	作品名稱	款文錄要	題署類型	刊載處／收藏處
5813 禽	軸 69×40.5cm	蘆鴨圖	蘆荻蕭蕭憶昔時，六朝塵跡鴨鷗知，畫船載得雷塘雨，收拾湖山入小詩乾隆甲子小春客榕城郡齋與樂夫人壽憶及江都風景古跡□舊時題句因而□寧化黃慎。	A	北京保利2006秋季拍賣會 http://pm.findart.com.cn/1581963-pm.html 2009 年 12 月 11 日下載
5814 人	157×86cm	捧花老人休憩圖	乾隆九年十一月寫於竹西客舍黃慎。	A	上海崇源2005春季拍賣會

59 歲　乾隆 10 年　乙丑　1745 年

代號	形式	作品名稱	款文錄要	題署類型	刊載處／收藏處
5901 人	軸 167×94cm	麻姑晉酒圖	十二碧城栖第幾，風繡幡卷鳳尾。七月七日降人間，酒行百斛歌樂豈。矜將狡獪試經家，長鐵頃刻成丹砂。閑著六銖歷寒暑，頂分雙髻學林鴉。花香玉膳擘麟脯，千載蕉花獻紫府。不知此去又何年？咨爾方子總真主。珊瑚鐵網海已枯，桑田白景更須臾。況睹蓬壺經幾淺，御風天外舞憑虛。乾隆十年春三月，蕊圃黃慎寫。	F、A	《圖目六》蘇 19-34 江蘇省美術館
5902 禽	軸 94×43.5cm	蘆鴨圖	乾隆十年春月寫黃慎。	A	TH-、CH-、FH-48 故宮博物院
5903 冊	冊 27×64.7cm	花鳥、人物圖			山西省博物館
5904 山	軸	騎驢踏雪圖			福建省博物館
5905 花	軸 109.1×50cm	牡丹圖	故人過我草堂東，乾隆十年秋八月，寫於寧陽署中，黃慎。	A	《圖目五》滬 1-794 上海博物館
5906 山	軸 151.5×80.5cm	騎驢踏雪圖			福州私人藏
5907 禽	軸 124.5×61.5cm	梅花山雞圖	山雞形狀鶴精神，文似漣漪動白萍。自是盛夸天外侶，誰能高詠雪中新？乾隆十年小春月寫於吟軒，瘦瓢黃慎。	C、A	《圖目十一》浙 3-41 浙江美術學院
5908 人	軸	麻姑獻壽圖			《揚州八家叢話》

5909 禽	軸	芙蓉鴨圖			《古代書畫過目匯考附目》
5910 人	冊 26×31cm	人物冊			深 99-45
5911 人	軸 88×47cm	寒江獨釣	獨釣寒江雪，乾隆十年小春，黃慎寫。	A	上海崇源 2009 秋季拍賣會

60 歲　乾隆 11 年　丙寅　1746 年

代號	形　式	作品名稱	款文錄要	題署類型	刊載處／收藏處
6001 禽	129×57cm	柳鷺圖	乾隆十一年春二月寫於美成堂，寧化黃慎。	A	TH-122 中央工藝美術學院藏
6002 人	軸 121.5×38.6cm	漢鍾離別耳圖	乾隆丙寅春三月寫，黃慎。	A	（日本‧福岡）市美術館
6003 人	軸 229×111cm	探珠圖	探珠圖，乾隆十一年春三月寫，黃慎。	A	TH-121《圖目十》津 7-1255 天津市藝術博物館
6004 山	幅	獨釣江雪圖	獨釣寒江雪，乾隆十一年小春月寫雙溪閣，寧化黃慎。	A	FH-93 北京故宮博物院藏
6005 人	軸 175.9×105.5cm	麻姑獻壽圖			北京故宮博物院藏
6006 人	軸	煉丹圖			河北省石家庄文物管理所

61 歲　乾隆 12 年　丁卯　1747 年

代號	形　式	作品名稱	款文錄要	題署類型	刊載處／收藏處
6101 人	軸 274×130.2cm	探珠圖	探珠圖，乾隆十二年春三月寫於美成草堂，瘦瓢子慎。	D、A	TH-123 南京博物院
6102 人	軸 91.5×83.5cm	憩石納涼圖	看花臨水心無事，嘯志歌懷意自如。乾隆丁卯春寫於廣陵書屋，瘦瓢。	C	瀚海 2000 春季拍賣會
6103 人	軸	李鄴侯賞海棠圖	乾隆十二年五月寫於素行堂，恭壽黃慎。	G、A	PH II-7 揚州市私人藏

6104 人	軸 205×160cm	三仙圖	余讀仙書，謂上乘之道，金液還丹者，其質生質，由虛造實。其要在於煉己，先要惺惺不昧，然後其氣自定。金丹可煉而成，隨所施而妙用不測耳。因作三仙圖，漫占一絕以題之：舉世紛紛皆若醉，仙家獨自道中醒。金丹放出飛升去，衝破秋空一點青。乾隆十二年小春月寫於史溪圖息軒。		福建省博物館
6105 人	軸 167×90cm	東坡玩硯圖	與墨爲人，玉靈之食。乾隆十二年嘉平月寫於圖息齋，寧化黃慎。	A	《中國民間祕藏繪畫精品》
6106 人	軸 92×83.5cm	人物圖			北京文物商店
6107 書	軸	草書自作五律			福州市文物管委會
6108 禽	軸 173×94cm	顧瞻圖	讀列子春蘭紛然，誦石勒句並驅誰先如鼎，斯翼如鶴，斯拳厥狀，厥神瞻之在前，仆固有恥，于庸碌之盡奇也，因仰觀乎玄虛而深思古大人犬子意山人受祿於天，乾隆十二年春三月寫，寧化黃慎。	A	敬華 2002 秋季拍賣會-432

62 歲　乾隆 13 年　戊辰　1748 年

代號	形式	作品名稱	款文錄要	題署類型	刊載處／收藏處
6201 山	扇 15.7×50cm	葦岸酒船圖	舉世沉酣者，獨醒有幾人？不須勤擊槳，賤賣石梁春。乾隆十三年立春日寫於潭陽署齋，寧化黃慎。	A	FH-94 安徽省博物館藏
6202 禽	軸 211×61cm	古柯群鷺圖	潭陽縣前樹，百尺射朝曦。晨露浥濯濯，春雨滋灤灤。堂上使君賢，羔羊美素絲。既明信且哲，允惟公滅私。夙夜自匪懈，寬猛因以時。篙喬飛振振，白鷺巢其枝。一一以致百，翺翔適其宜。惠風養天和，高雲屯雪肌。明星光燦燦，銀河盈垂垂。摩空蕩心意，物性神俊馳。退食顧而樂，與民同樂之。皓皓不可尚，誰其能磷緇？潭陽縣前有鷺鷥百餘巢其樹，歌以誌之。		FH-52 北京故宮博物院藏

代號	形式	作品名稱	款文錄要	題署類型	刊載處／收藏處
6203 禽	軸 211×61cm	鵪鶉菊花圖			北京故宮博物院藏
6204 禽	軸 211×61cm	蘆花雙雁圖	半山溪雨帶餘暉，雨水蘆花映客衣。雲水可知天到處，寄書須及雁南飛。		FH-52 北京故宮博物院藏
6205 人	軸 211×61cm	壺公圖			北京故宮博物院藏
6206 人	軸 211×61cm	麻姑獻壽圖			北京故宮博物院藏
6207 人	軸 211×61cm	伯樂相馬圖			北京故宮博物院藏
6208 山	軸 211×61cm	山水圖			北京故宮博物院藏
6209 人	軸 131.1×74.6cm	老叟瓶菊圖	雖慚老圃秋容淡，且看黃花晚節香。乾隆十三年秋九月寫，寧化黃慎。	A	德東業美術館藏
6210 人	卷 28×187cm	蘇長公展笠圖、草書五律10首	浙江杭州西泠印社藏 蘇長公展笠圖，乾隆十三年寫於潭陽聽溪草堂，黃慎。	A	杭州西泠印社藏
6211 人	橫軸	何仙姑圖			福建省博物館藏
6212 書	卷	草書七言詩			浙江省寧波天一閣文物保管所藏
6213 人	軸 169.8×91.5cm	孔聖像圖	乾隆十三年小春月寫於柳溪書屋，寧化黃慎。	A	上海博物館藏兩塗軒書畫集萃-078
6214 書	97×28×24cm	書法	乾隆十三年小雪。瘦瓢黃慎。	C、A	中國嘉德2006秋季拍賣會
6215 人	軸 137×68cm	老道翁圖	乾隆十三年春三月，黃慎。	A	中國嘉德2009秋季拍賣會
6216 人	174×91cm	麻姑獻壽圖	乾隆十三年春月寫於美堂，寧化黃慎。	A	瀚海2004春季拍賣會

63 歲　乾隆 14 年　己巳　1749 年

代號	形式	作品名稱	款文錄要	題署類型	刊載處／收藏處
6301 人	軸 282×128.4cm	探珠圖	探珠圖，乾隆十四年春王月寫於潭陽署中，瘦瓢黃慎。	C、A	CH-126 廣東省博物館

64 歲　乾隆 15 年　庚午　1750 年

代號	形　式	作品名稱	款文錄要	題署類型	刊載處／收藏處
6401 人	軸 245×136cm	壽星圖	嘉祐七年十二月，京師有道人遊卜於市，體貌古怪，不與常類，飲酒無算。都人士異之，好事者潛圖其狀。後近侍達帝，帝引見，賜酒一石。飲及七斗，時司天臺奏：「壽星侵帝座」，忽失道人所在。仁宗喜嘆久之。閱世所寫壽星，松柏參差，粉飾鮮麗而已。而壽星之眞，果何如耶？我朝來萬物熙熙，無物不壽，宜乎壽星遊戲人間。珍禮是圖，與民同壽，此眞帝意也。衛人邵雍敬題。乾隆十五年夏四月摹，寧化黃慎。	A	TH-74 揚州市博物館
6402 書	卷 35×269cm	草書李白《春夜宴桃李園序》			CH-130 重慶市博物館
6403 書	軸 227×60cm	草書李白《春夜宴桃李園序》			瀚海公司 2002 春季拍賣會
6404 山	扇面	九瀧行舟圖	噫吁戲！古有閩海之危巓。其下九瀧兮，險如黃河水決昆侖之東川。一瀧長鯨勢莫比，磨牙吞舟噴沫涎。馬瀧浪擊，雪山直走三門下，針穿隙竅擊深淵。篙師逆折劍鋒敵，巴子成之字鉤連。高岑寸碧粘天上，跌踢還疑坐鐵船。摳授楔瑜深藏影，山魈魍魅不敢前。大長波衝，恍然紫貝燃犀角，纜解黃龍騰踔飛。竹箭沛，舟瞬息，五霸天地皆昏黑。六瀧雷鼓瘦蛟爭，聲聞淒愴格鬥死。石進秋雨破天惊，宛轉射潮三千弩。勇當三萬七千五百之洗兵，頃刻鴻門峽外峰磨天。小長瀧過憶詩仙，想君風池清夢裏，讀君乃猶唱滄浪前。履險心夷神已恬，報君香瀧、安瀧意豁然。答銀臺雷翠庭之作，乾隆十五年秋七月圖，蛟湖瘦瓢子慎。	D、B	CH-194 首都博物館

6405 山	扇面	九瀧纖舟圖	九瀧……才上劍津三三里，朝來……乾隆庚午秋將跨海時，為阿弟啓三涂此誌別，六十四艘慎。	B	CH-188 首都博物館
6406 山	扇面 17.6×53.5cm	萬安橋圖	幾年存想洛陽橋，千里閩天驛路遙。今日打從橋上過，一泓海水正漂潮。百丈飛虹跨海長，凌空疑是赤城梁。寒潮洗出嶙嶙石，盡與鮫人摘蠣房。壘址深淵事亦奇，流傳醋字語支離。不知皇祐工程大，來讀莆陽太守碑。一道中分晉惠疆，憑欄萬頃正茫茫。五湖寶帶曾經過，那得婉蜒此許長。《萬安橋道中口號》鑒塘氏稿，寧化黃慎畫并書。	A	江蘇鎮江市博物館
6407 禽	幅 58.5×55.5cm	雙鷺白石圖	乾隆庚午小春，至海關、海上回沙洲，夜聞潮水洶洶雷轟，島嶼石裂。忽憶坡公云：「流水文章，筆力遒勁。」方信能移人情。後看魚鳥性咸浩蕩自得，潑墨圖之，以紀其意。瘦瓢子慎寫。	D、B	TH-73 揚州市博物館
6408 人	軸 137×55cm	琵琶盲婦圖	橋前終是鄭兒歌，捫燭高燒奈汝何？彈出開元天寶事，至今江上月明多。乾隆十五年小春寫於鷺江，瘦瓢山人。	E	天津市文物公司《中國古代書畫圖目六》
6409 花	冊	花卉圖			天津歷史博物館藏，上海工藝品進出口公司
6410 人	軸 157×86.5cm	麻姑圖	麻姑年十八九許，頂中作髻，餘髮垂至腰。其衣有文章，而非錦綺，光彩耀目，不可名字，皆世□無也。總眞人王方平降括蒼民蔡經家，召姑；姑至，各進行廚。金盤玉杯，麟脯仙饌，而香氣達於內外。自言見東海三為桑田，蓬萊水淺，乃淺於略半也。乾隆十五年春月寫黃慎。	A	中國嘉德94秋季拍賣會-178
6411 花卉	冊 27.5×47cm×12		1.湘簾曉起坐空堂，白畫町抄肘後方，近水樓臺秋意淡，芙蓉雨中十分涼。 2.朝朝畫閣睡猶酣，又聽春光三月三。偶過鄰家町矮草，背人先去摘宜男。 3.山中秋老無人摘，自迸明珠打雀兒。		2007 秋西泠印社拍賣會

代號	形　式	作品名稱	款文錄要	題署類型	刊載處／收藏處
			4. 最愛葵花涉淡妝，秋來何事殿群芳。六宮銀粉多相污，還憶當年尚額黃。 5. 一筇一笠一瘦瓢，愛句峰頭把鶴松。莫道歸來無故物，梅花清福也難消。乾隆庚午六月寫於雪堂。黃慎。 6. 櫻桃初熟散榆錢，又是揚州四月天，昨夜堂前紅藥破，獨防風雨未成眠。		
6412 人	157.5×114cm	醉翁吟詩圖	夫天地者，萬物大逆旅，光陰者，百代之過客。而浮生若夢，爲觀幾何？古人秉燭夜遊，良有以也。況陽春君我以我以文章。會桃李之芳園，序天倫之樂事。群彥俊秀，皆爲惠連。乾隆十五年六月黃慎。	A	中貿聖佳 2007 秋季拍賣會

65 歲　乾隆 16 年　辛未　1751 年

代號	形　式	作品名稱	款文錄要	題署類型	刊載處／收藏處
6501 花	冊 24.3×28cm	花卉圖 1. 玉簪圖 2. 芙蓉圖 3. 紫薇圖 4. 山茶圖 5. 牡丹圖 6. 月季圖 7. 芍藥圖 8. 秋蓮圖 9. 水仙圖 10. 菊花圖 11. 海棠圖 12. 梅花圖	1. 蔚藍天氣露華新，誰拾閒皆寶玉珍，不識搔頭能倍價，只今猶憶李夫人。 2. 湘簾曉起坐空堂，白晝閑抄肘後方。近水樓臺秋意淡，芙蓉雨過十分涼。 3. 一枝斜倚殿群芳，冷艷扶疏照夕陽。醉眼不知秋已半，霜深天老紫薇郎。 4. 六出華林裏雪芳，剪刀落處尚餘香。關心最是同心侶，不數秋娘數阿娘。 5. 斜靠桃腮百寶欄，春風細剪胭脂寒。花神巧配新嬌樣，倩得天香喚牡丹。 6. 低亞羞容刺眼紅，誰窺池館宋家東？漫怜月月生春色，能更惺惺妒守宮。 7. 乍剪春風錦繡春，誰憐鐵石是心腸。知君不愛胭脂抹，墨蘸徐妃半面粧。 8. 誰憐瑤草自先春，得得東風立水濱，溼透湘裙剛十幅，宓妃原是洛川神。	D、A	《圖目五》滬 1-379 上海博物館

			9. 手執累厄擘蟹黃，客中何事又重陽。年年佳節看成慣，醉榻寒花一瓣香。 10. 華清浴罷屬王家，翠袖臨風舞絳紗。空使六宮春睡去，秋來酣醉海棠花 11. 江南霜月白如銀，帶醉歸來別館春。忽到窗間疑是夢，繞簾梅影認前身。乾隆十六年潤五月瘦瓢子慎寫。		
6502 人	軸 177.2×90m	天硯圖	天硯圖，乾隆辛未夏瘦瓢子慎寫。	D、A	TH-76 揚州市博物館
6503 人	軸 198×109cm	蘇武牧羊圖	攜手上河樑，游子暮何之？徘徊蹊路側，恨恨不能辭；行人難久留，各言長相思。安知非日月，弦望各有時。努力崇明德，皓首以爲期。乾隆十六年秋八月寫，寧化黃慎。	A	《圖目八》晉 1-142 山西省博物館
6504 人	軸 170.5×91cm	麻姑晉酒圖	乾隆十六年秋八月寫於邗上雙松堂，寧化瘦瓢子慎	D、A	TH-77《圖目十》津 7-1256 天津市藝術博物館
6505 山	126×40.5cm	雪騎探梅圖	歲晚何人旨鄰？梅於我輩最親，南山盡是經行處，一雪不知多少春，先後花隨人意思，橫斜枝寫月精神。寒香嚼得成詩句，落紙雲煙行草真。乾隆十六年小春月寫，寧化瘦瓢子慎	D	FH-87 廣西壯族自治區博物館
6506 花	軸 179.2×54.4cm	人物、花鳥圖（四幅） 1. 雪梅寒雀圖 2. 竹雞荼花圖 3. 老叟調鶴圖 4. 蘇武牧羊圖	1. 江南雪月白如銀，乾隆十六年小春月，寧化黃慎寫。 2. 懷君抱癖惡新衣，入夜熒熒見少微。如此春光三四月，竹雞聲裏荼花飛。 3. 生平夢夢揚州路，來往空空白鶴歸。六水三山惟浣帶，煙霞還染舊時衣 4. 骨肉緣枝葉，結交亦相因。四海皆兄弟，誰爲行路人？況我連枝樹，與子同一身。昔爲鴛與鴦，今爲參與辰。昔者常相近，邈若胡與秦。惟念當離別，恩情日以新。鹿鳴思野草，可以喻嘉賓。我有一樽酒，欲以贈遠人。願子留斟酌，敘此平生親。		FH-53、FH-19 北京市工藝品進出口公司

代號	形式	作品名稱	款文錄要	題署類型	刊載處／收藏處
6507 冊	冊 24.1×27.6cm	蔬果圖 1. 蓮藕菱角 2. 櫻筍 3. 枇杷 4. 桐實 5. 西瓜 6. 絲瓜 7. 苦瓜 8. 南瓜、辛薑 9. 紫茄 10. 魁芋 11. 毛栗 12. 蘿蔔、石榴	1. 歲暮歸心催短景，懷君江上雪帆遲。納涼憶剝分蓮子，有約無緣哺水葵。壯不如人傷老大，貧來且喜未全痴。要離家畔真娘墓，試問奚囊幾首詩。 2. 惜別春風楊柳絲，懷君囊有玉堂詩。長安道上歸心急，四月鱘魚櫻筍時。 3. 東園載酒西園醉，南斗文章北斗年。 4. 儂愛桐花，桐花多實。不羨合歡，中有得失 5. 剖開天上三秋月，飛作人間六月霜。 6. 野園。 7. 秋風海市來彭越，夏日鄉園憶苦瓜 8. 只因野性甘藜藿，最愛山蔬帶水雲。 9. 采采動盈把，筐莒手提攜。歊味故淡薄，和之鹽與韲。 10. 一天星月倒江臺，旅次愁吟起夜來。點點榆錢春已敗，依依燕剪雨中裁。難將骨相投魁芋，終使凡夫愧石材。洛水滔滔莫回顧，只今空憶玉人杯。 11. 園收芋栗未全貧。 12. 見他開口處，笑落盡珠璣。		FH68-73、《圖目二十三》京1-5513 北京故宮博物院藏
6508 書	冊	草書詩			北京市文物商店
6509 書	聯	草書七言楹聯			FH-112
6510 花	幅 42.6×27.4cm	玉簪花圖	老人一掃秋園卉，六片尖尖雪色流。用盡邢州砂萬斛，未便琢出此搔頭。閩中黃慎	A	PH II30 揚州市文物商店藏

66 歲　乾隆 17 年　壬申　1752 年

代號	形式	作品名稱	款文錄要	題署類型	刊載處／收藏處
6601 人	軸 242.5×136cm	探珠圖	探珠圖，乾隆十七年春三月寧化黃慎寫。	A	北京故宮博物院
6602 人	軸 129.3×60cm	採芝圖	雖慚老圃秋容淡，且看黃花晚節香。乾隆十七年春三月寫，癭瓢子慎。	D、A	湖北省博物館

6603 人	軸	老叟瓶菊圖			日本·東京天隱堂
6604 人	橫軸 133×174cm	四皓謁漢皇圖	乾隆十七年六月寫於邗上振古堂，寧化黃慎恭壽氏。	A、G	中國嘉德 2005 春季拍賣會
6605 人	軸 181.6×100.6cm	韓魏公簪金帶圍圖	芍藥青紅瓣，而黃腰者號金帶圍，本無常種此花，見則城內之宰相，韓魏公家廣陵，日一出四枝，公選客具宴以賞之，時王岐公以高科爲倅，王荊公以名士爲屬，皆在選，尚闕其一，私念有過客召使當之，及暮，報招陳太傅來，亟使，召至乃秀公也，後四公皆入相。乾隆十七年中秋節寫於寶蓮堂，癭瓢子慎。	D	《圖目一》京 2-546 中國歷史博物館藏
6606 書	軸 61.8×49.9m	草書七古《八仙歌》			《榮寶齋珍藏墨跡精選黃慎草書》榮寶齋藏
6607 禽	軸 87.5×43m	鷙鷹圖	乾隆十七年夏四月寫癭瓢。	C	香港佳士得 2008 拍賣會-122

67 歲　乾隆 18 年　癸酉　1753 年

代號	形　式	作品名稱	款文錄要	題署類型	刊載處／收藏處
人 6701	軸 174×93cm	雋不疑試劍圖	漢武帝匿亡畫畫習聞渤海郡雋不疑賢，請與相見。不疑曰：「凡爲吏，太剛則折，太柔則廢。威行之以恩，然後樹功揚名，永終天祿。」勝之深納其戒。及是荐表，召拜青州刺史。乾隆癸卯春正月寫，癭瓢。	A	CH-176《圖目十三》廣東省博物館
6702 人		淵明讀書圖	樂琴書以消憂。乾隆十八年春三月，寧化黃慎寫。	A	海外私人藏
6703 人	軸 172×89.4cm	麻姑獻酒圖	十二碧城栖第幾，風繡幡卷鳳尾。七月七日降人間，酒行百斛歌樂豈。矜將狡獪試經家，長鐵頃刻成丹砂。閑著六銖歷寒暑，頂分雙髻學林鴉。花香玉膳擘麟脯，千載蕉花獻紫府。不知此去又何年？咨爾方子總眞主。珊瑚鐵網海已枯，桑田白景更須臾。況睹蓬壺經幾淺，御風天外舞憑	A	FH-21 揚州市博物館

			虛。乾隆十八年春三月寫於雙松堂，六十七逸叟黃慎。		
6704 人	大軸 238×132cm	李鄴侯賞海棠圖	春風散人鄴侯家，地碾殷雷百草芽。愛煞阿華勞寤寐，分移牆角海棠花。乾隆癸酉立夏寫，寧化瘦瓢子慎。	D、B	FH-20、《圖目六》蘇 8-139 江蘇南通博物苑
6705 山	軸	雪騎探梅圖			上海博物館
6706 人	條屏 207×55.5cm	故事人物圖 1. 林逋梅鶴圖 2. 李密牧讀圖 3. 麻姑獻壽圖 4. 張良進履圖 5. 伯樂相馬圖 6. 李白入宮圖 7. 甘羅作相圖 8. 老子論道圖 9. 果老歸隱圖 10.劉寬恕婢圖 11.廉頗負荊圖 12.夷齊偕隱圖	1.乾隆十八年良月寫於邗江雙松堂，寧化瘦瓢子慎。		《圖目六》蘇 8-13、FH-258 江蘇南通博物苑藏
6707 花	折扇面 19.5×56.5cm	水仙花圖	誰憐瑤草自先春，乾隆癸酉冬留別月波大弟，愚兄慎右為瘦瓢吟詠自畫水仙七絕一首，行草不易識別，茲重書如左。		北京榮寶藝術 1996 春季拍賣會
6708 人		風塵三俠圖			上海工藝品進出口公司
6709 人	軸	鍾馗圖			江蘇鄮縣文物管委會
6710 人	橫軸 90×106.3cm	端午圖			西安美術學院
6711 冊	冊	花卉圖			上海博物館
6712 人	軸×cm	蘇武牧羊圖			中國美術館
6713 人	軸	天官圖			南京市文物商店
6714 人	軸 237.5×135cm	接蝠圖			翰海 1999 季拍賣會-800
6715 人	軸 228×130cm	群仙祝壽圖			中國嘉德 1997 拍賣會-78
6716 人	立軸 111.2×123.5cm	人物故事	乾隆十八年春三月，寧化瘦瓢子慎寫。	D、B	中國嘉德 2009 春季拍賣會

68 歲　乾隆 19 年　甲戌　1754 年

代號	形　式	作品名稱	款文錄要	題署類型	刊載處 / 收藏處
6801 人	軸 179.3×92.1cm	韓公簪金帶圍圖	韓魏公簪金帶圍圖，乾隆十九年春王正月癭瓢子慎寫。	D、B	FH-10 揚州市博物館
6802 人	軸 230×136cm	天官圖	乾隆十九年春王正月黃慎敬寫。	A	翰海 1996 年秋季拍賣會
6803 人	軸 165×76cm	麻姑晉酒圖	十二碧城栖第幾，風繡幓卷鳳尾。七月七日降人間，酒行百斛歌樂豈。矜將狡獪試經家，長鐵頃刻成丹砂。閑著六銖歷寒暑，頂分雙髻學林鴉。花香玉膳擘麟脯，千載蕉花獻紫府。不知此去又何年？咨爾方子總眞主。珊瑚鐵網海已枯，桑田白景更須臾。況睹蓬壺經幾淺，御風天外舞憑虛。乾隆甲戌春二月寫於邗上，寧化癭瓢子慎。	D、A	《圖目八》津 6-120 天津市文物公司
6804 山	軸 209×60.5cm	踏雪尋梅圖	騎驢踏雪爲詩探，乾隆十九年春三月寫於邗上雙松堂，寧化癭瓢子慎。	D、A	FH88 北京故宮博物院
6805 人	軸 85.2×35.8cm	漱石手硯圖	寫神不寫眞，手持此結鄰，何處風流客。		CH-182 北京故宮博物院
6806 山	卷 36.5×102.6cm	夜遊平山圖	寧化癭瓢子慎寫。	D、A	《圖目五》滬 1-3797 上海博物館
6807 屏	條屏	人物、山水、花鳥			《古代書畫過目匯考附目》著錄
6808 人	軸 158.9×91cm	人物圖	乾隆十九年小春月寧化黃慎寫。	A	瀚海 2002 秋季拍賣會-920
6809 人	軸 176.5×88cm	吉慶圖	氣化雷，大聲吼，驚醒尼父周公夢。肅衣冠，神抖搜，考石有音惟泗濱。捨此而求更何有，神載苻蘆奏。乾隆十九年春三月寫於法海寺。寧化癭瓢慎。	C、A	香港佳士得 2008 春季拍賣會

69 歲　乾隆 20 年　乙亥　1755 年

代號	形　式	作品名稱	款文錄要	題署類型	刊載處／收藏處
6901 花	軸 102×39cm	梅花圖	乙亥開元日，分柑過草堂。梅花印屐齒，片片雪泥香。瘦瓢老人。	E	FH-61　揚州文物商店
6902 禽	軸 123.3×45cm	古槎秋鷹圖	乾隆乙亥年燈節前二日，瘦瓢子慎寫。	C、B	AY-95　美國克里夫蘭藝術博物館
6903 人	軸 116.5×125.3cm	宋祖蹴鞠圖	青巾衣黃者，太祖也。高帽對局者，趙普也。微鬚者党進也。方面衣紅者，太宗也。烏巾衣綠者，楚昭夫也。袖手旁觀者，石守信也。此圖乃太祖即位之時，海晏河清之際，道同志合，君明臣良。故太祖命丹青所作，是爲君臣一氣之圖也。乾隆乙亥春三月，寧化瘦瓢子慎寫。	D、B	TH-84　天津市歷史博物館
6904 人	軸 111.5×70.7cm	張果偕隱圖	張果隱於常州凶條山，往來汾晉間。時娶下郢韋恕女，後歸王屋山下。人傳有長年秘術。耆老爲兒童時見之，言數百歲矣，唐太宗累徵不起。玄宗後召郭舍人、徐鴻臚重金　璽囮迎之。自言堯時丙子年國，人莫能測。累試仙術高尙，意人風雲。賜號通玄先生。乾隆廿年三月寫，寧化瘦瓢子慎。	D、B	TH-86《圖目十三》粵 1-0731 廣東省博物館
6905 人	軸 99.2×65.7cm	鍾馗圖	乾隆二十年端午日瘦瓢子慎寫。	D、B	TH-82　揚州市博物館
6906 人	軸 167.4×46.9cm	蘇武牧羊圖	乾隆乙亥中秋寫於文園。寧化瘦瓢子黃慎。	D、A	《圖目十八》新 1-43 新疆維吾爾自治區博物館藏
6907 山	冊	寫意山水圖			美國・聖地亞哥藝術博物館藏
6908 人	軸	函關紫氣圖	東來紫氣滿函關，乾隆乙亥年小春月寧化瘦瓢子寫。	D	TH-81　中國歷史博物館
6909 人	軸 201×98.5cm	麻姑獻壽圖	十二碧城栖第幾，風繡幡卷鳳尾。七月七日降人間，酒行百斛歌樂豈。矜將狡繪試經家，長鐵頃刻成丹砂。閑著六銖歷寒暑，頂分雙髻學林鴉。花香玉膳擘麟	D、A	TH-83《圖目十》青島市博物館

代號	形式	作品名稱	款文錄要	題署類型	刊載處／收藏處
			脯，千載蕉花獻紫府。不知此去又何年？咨爾方子總眞主。珊瑚鐵網海已枯，桑田白景更須臾。況睹蓬壺經幾淺，御風天外舞憑虛。乾隆乙亥年良月寫於文園，瘦瓢子慎。		
6910 人	卷 41.7× 188.5cm	丁有煜坐像	東海高賢個道人，貽之索我爲傳神，鬚眉宛若難謀面，千古相思在結鄰。蒙寄佳硯乾隆乙亥年冬恭爲麗翁老壇也寫照，硯弟福建黃慎。	A	FH-42、《圖目六》江蘇南通博物苑
6911 山	軸 100× 140cm	驢雪探梅圖			福州集古齋
6912 山	軸 194.5× 106cm	驢雪探梅圖			翰海公司 2002 年春季拍賣會
6913 山	軸	王山樓坐莓苔圖			上海博物館
6914 人	軸 124× 65cm	福壽圖	乾隆乙亥春三月，寧化瘦瓢子慎寫。	D、B	上海老城隍廟 2001 秋季拍賣會-73
6915 人	軸 98× 55.5cm	東坡玩硯圖	與墨爲出，玉液之食。天水爲入，懿矣茲石。君子之側，匪以玩物，惟以觀德。乾隆乙亥年十一月寫。瘦瓢子慎。	D、B	中國嘉德 2008 春季拍賣會-428
6916 人	軸 147× 89cm	鍾馗像	乾隆乙亥春寧化瘦瓢子慎寫。	D、B	中貿聖佳 2009 秋季拍賣會
6917 山	93× 147.5cm	踏雪尋梅	騎驢踏雪爲詩探，送盡春風酒一顧。獨有梅花知我意，冷香猶可較江南，乾隆乙亥年三月寧化瘦瓢子慎寫。	D、B	瀚海 2005 春季拍賣會

70 歲　乾隆 21 年　丙子　1756 年

代號	形式	作品名稱	款文錄要	題署類型	刊載處／收藏處
7001 人	軸 178× 87.6cm	採藥老翁圖	西州城裏拜徵君，乾隆丙子春二月寫，寧化瘦瓢子慎	D、B	TH-87 雲南省博物館
7002 人		壺公圖	壺中別有天，乾隆丙子春三月瘦瓢子慎寫。	D、B	揚州市博物館

代號	形　式	作品名稱	款文錄要	題署類型	刊載處／收藏處
7003 禽	軸 129×68.5cm	三鷺白石圖	乾隆辛未，渡臺不果。行至海門玉砂洲，水波瀲灩，石走東南。後觀魚鳥性咸浩蕩自得。忽憶坡公云，流水文章，筆力遒勁。信乎。丙子春，偶過靜慧寺看牡丹，後憶鳥語，亂筆圖之，以返其意耳，七十老人瘦瓢子。	D	FH-50 江西省博館
7004 人	軸×cm	李鄴侯賞海棠圖	乾隆丙子年秋九月寧化瘦瓢子慎寫。	D、B	TH-88 江蘇泰州市博物館
7005 花	135×65cm	海天白鷺圖			上海崇源 2004 春
7006 人	軸	美人圖			《嘯軒書畫錄》
7007 人	軸 196×109cm	壺公圖			江蘇江都縣圖書館
7008 人	135×161.5cm	釋龍圖	何事紛紛皆若醉，仙家獨向道中醒。金丹放出龍生去，衝破秋空一點青。乾隆丙子秋，寫於振古堂。瘦瓢子慎。	D、B	中嘉 2002 秋季拍賣會-842
7009 人	102×196cm	仙人醉扶圖	自昔漢室雲房子，乞丹曾遇東華迎。同醉岳陽樓上客，歡呼捋髯彳亍行。芒鞋鐵拐步跟清，我亦相從遊汗漫。安得憑虛駕鳳凰，智當自是求多福。圖留天地歷年長。乾隆丙子春之二月寫於邘上美成草堂，瘦瓢。	C	上海崇源 2004 秋季拍賣會

71 歲　乾隆 22 年　丁丑　1757 年

代號	形　式	作品名稱	款文錄要	題署類型	刊載處／收藏處
7101 人	軸 126×73.5cm	鍾馗刺劍圖	乾隆丁丑端一日瘦瓢子敬寫。	D	翰海公司 1998 年秋季拍賣會
7102 人	軸 184.5×107.2cm	探珠圖	探珠圖，乾隆丁丑長至寧化瘦瓢子慎寫。	D、B	FH-21 南京博物院
7103 禽	軸 125.6×59.8cm	蘆塘雙鴨圖	乾隆丁丑小春月瘦瓢子慎寫。	D、B	《圖目二十三》京 1-5514 故宮博物院
7104 禽	軸	蘆塘雙鴨圖			美私人藏
7105 人	軸 113.5×54cm	老叟瓶菊圖	採菊東籬下，悠然見南山。乾隆丁丑小春月瘦瓢黃慎寫。	C、A	翰海公司 2000 年秋季拍賣會

7106 人	軸 108×196cm	停琴伴菊圖	不羞老圃秋容淡,且看黃花晚節香。乾隆丁丑十二月寫於江西旅館,癭瓢。	C	TH-90《圖目八》晉 1-143 山西省博物館
7107 人	軸 135×75.5cm	羅公遠戰明皇圖	乾隆丁丑冬月寫於嵩南舊草堂,癭瓢子慎	D、A	翰海公司 2000 年春季拍賣會
7108 禽	軸 186.3×109.2cm	蓮鷺圖並草書《愛蓮說》	《愛蓮說》全文,七一老人癭瓢子寫。	D	《圖目一》京 3-120 中國美術館
7109 人	90×30.2cm	老圃秋菊圖	雖慚老圃秋容淡,且看黃花晚節香。七十一叟黃慎。	A	浙江私人
7110 書	112×48.8cm	草書唐子西文			《圖目八》冀 1-146 河北省博物館
7111 人	101×38cm	麻姑祝壽	乾隆丁丑年秋月寫癭瓢黃慎。	C、A	北京榮寶拍賣有限公司 http://pm.findart.com.cn/1366406-pm.html 05372009 年 12 月 11 日下載

72 歲　乾隆 23 年　戊寅　1758 年

代號	形　式	作品名稱	款文錄要	題署類型	刊載處／收藏處
7201 人	軸 189×103.3cm	碎琴圖	戊寅年秋中寫,癭瓢。	C	TH-91《圖目十五》遼 1-529 遼寧省博物館
7202 人	軸 195×103cm	壽星圖	乾隆二十三年寧化黃慎寫。	A	中國嘉德 2008 春季拍賣會

73 歲　乾隆 24 年　己卯　1759 年

代號	形　式	作品名稱	款文錄要	題署類型	刊載處／收藏處
7301 人	軸 171.5×90cm	韓魏公簪金帶圍圖	韓魏公簪金帶圍,乾隆己卯春王月寫於風生草堂,癭瓢子慎。	D、B	翰海 2001 年春季拍賣會-718
7302 人	軸 148×88cm	舉杯問天圖	乾隆己卯端陽月,黃慎。	A	翰海 2000 年春季拍賣會

代號	形　式	作品名稱	款文錄要	題署類型	刊載處／收藏處
7303 禽	橫軸 108×129cm	三羊開泰圖	乾隆己卯秋九月寧化瘦瓢子寫。		福州私人
7304 禽	軸 179×93cm	蒼鷹獨立圖	乾隆己卯長至後寫，寧化瘦瓢子愼。		上海朵雲軒拍賣會
7305 書	橫軸 92×157cm	行草書自作詩			《圖目十七》川2-097 四川大學
7306 人	軸	採菊圖			福建寧化縣私人
7307 書	軸 144.5×41cm	草書長短句			《圖目八》晉1-144 山西省博物館
7308 人	軸 144.×41cm	人物圖			CH-155 鎮江博物館
7309 人	軸 181.1×52cm	赤壁夜遊圖	乾隆己卯春三月寫於敬遠草堂，瘦瓢。	C	上海博物館兩塗軒書畫集萃-070
7310 人	軸 75.5×88cm	擊磬圖	乾隆己卯年秋月寫於花城草堂。		中貿聖佳 2009 秋季拍賣會
7311 禽	軸 155.8×79.5cm	受祿圖	讀列子書，卿生一夢紛然，誦石勒句並鷗誰先，如鼎頭，翼如鶴頭，拳顏扙顏神，瞻之在前，僕固尚恥於庸碌之無奇也。因仰觀乎天，麄而深思，古大人君子之所以受祿於天。乾隆己卯春王正月黃愼寫。	A	西泠印社 2008 春季拍賣會 http://pm.findart.com.cn/429053-pm.html 2009 年 12 月 11 日下載
7312	軸 158×92cm	李白將進酒詩意圖	（李白將進酒詩）		北京保利 2007 春季拍賣會
7313	軸 218×119.5cm	李白將進酒詩意圖	（李白將進酒詩）		香港佳士得 2007 秋季拍賣會

74 歲　乾隆 25 年　庚辰　1760 年

代號	形　式	作品名稱	款文錄要	題署類型	刊載處／收藏處
7401 人	軸 161×90cm	羅漢圖	乾隆庚辰春月佛弟子黃愼敬寫。	A	北京榮寶拍賣有限公司 1996 年春季拍賣會
7402 人	軸 183.7×104cm	東坡玩硯圖	與墨爲入。乾隆庚辰六月寫於鄞江雲驤閣，瘦瓢。	C	福建師範大學

代號	形 式	作品名稱	款文錄要	題署類型	刊載處／收藏處
7403 人	軸 195×112.5cm	簪花圖	芍藥青紅瓣，而黃腰者號金帶圍。本無常種，此花見則城內，出宰相韓魏公。守廣陵日，一出四枝。公選客則宴以賞之。時王岐公以高科爲倅，王荊公以名士爲屬，皆在選。尙闕其一，私命知過客，召使之，及暮，報陳太傅來，亟使招之。至乃秀公也。乾隆庚辰六月寫，寧化瘦瓢。	C	中貿聖佳2009秋季拍賣會
7404 禽	軸	三羊圖	乾隆庚辰寫於雲驤閣，寧化黃慎		TH-、CH-安徽省博物館
7405 禽	軸	三羊圖	乾隆庚辰秋九月寫，瘦瓢。		FH-47 故宮博物院
7406 禽	軸 172×89cm	古槎立鷹圖	風定爲翔，迎行而舞。側目枝頭，精神千古。乾隆庚辰小春月瘦瓢子寫。		《圖目十四》閩1-058 福建省博物館
7407 人	軸	麻姑晉酒圖	乾隆庚辰多月寫於萬松山房，瘦瓢。		日本私人藏
7408 人	軸	瘋僧圖	這瘋僧，不識字；呼風雨，能輔國。乾隆庚辰多月，瘦瓢寫。		LH-10 北京榮寶齋
7409 人	軸	南極仙翁	疊載哉是翁也。以八百歲爲春，八百歲爲多。舉杯吞湖海之北，策杖遊扶桑之東。七四老人瘦瓢子寫。		TH-94 天津市藝術博物館
7410 書	卷 33.2×268.5cm	草書自作詩			北京故宮博物院
7411 書	軸 137.2×73.7cm	草書王維詩句			《圖目十四》閩1-059 福建省博物館
7401 人	條屏 165.5×51.6cm	人物圖			《愛日吟廬書畫續錄》

75 歲　乾隆 26 年　辛巳　1761 年

代號	形 式	作品名稱	款文錄要	題署類型	刊載處／收藏處
7501 山	軸 120.2×68.3cm	商山四皓圖	莫莫高山，深谷逶迤。嘩嘩紫芝，可以療飢。唐虞世遠，吾將安歸？駟馬高蓋，其憂甚大。富貴之畏入團，不若貧賤之肆志。乾隆辛巳三秋寫於翠華官舍，寧化七五老人黃慎。	A	FH-92 北京故宮博物院

| 7502 山 | 軸 242.4×113.2cm | 蛟湖讀書圖 | 蛟湖山下讀書人，乾隆辛巳作於舒嘯齋，蛟湖瘦瓢子寫。 | D | TH-95 上海博物館 |
| 7503 花 | 卷 | 霜月梅花圖 | | | 《歷代流傳書畫作品編年表》 |

76 歲　乾隆 27 年　壬午　1762 年

代號	形　式	作品名稱	款文錄要	題署類型	刊載處／收藏處
7601 山	軸 78×109cm	踏雪尋梅圖	騎驢踏雪爲詩探，乾隆壬午春，瘦瓢。	C	北京榮寶公司1996 年春季拍賣會影印
7602 花	卷 33×509cm	墨筆花卉圖 1. 水仙圖 2. 牡丹圖 3. 桃花 4. 荷花 5. 玉簪花圖 6. 菊花圖 7. 蜀葵圖 8. 梅花圖	乾隆壬午夏寫於五峰過庭書屋，七六老人瘦瓢子。	D	TH-101 首都博物館
7603 山	軸 170.7×91cm	踏雪尋梅圖	騎驢踏雪爲詩探乾隆壬午秋七月，瘦瓢子寫。	D	CH-161 廣東省博物館
7604 人	橫軸 121×163cm	李白春夜宴桃李園圖	乾隆壬午秋八月寫於舒嘯軒瘦瓢。	C	FH-11、CH-168 江蘇泰州市博物館
7605 山	軸 158×89cm	踏雪尋梅圖	騎驢踏雪爲詩探，乾隆壬午秋九月寫於滋蘭堂，七六叟瘦瓢。	C	中央美術學院附屬中等美術學校
7606 人	軸 161.4×87.7cm	麻姑獻壽圖	乾隆壬午秋九月寫於種蘭堂，瘦瓢。	C	CH-160 揚州市博物館
7607 山	橫軸	險灘行舟圖	乾隆壬午嘉平月寫於五峰睦堂，七六叟瘦瓢。	C	福建寧化縣博物館
7608 禽	條屏 83×56cm	石榴山鳥圖			陝西省博物館
7609 人	軸	鐵拐李像			上海畫院
7610 人	軸	鍾馗授易圖			《澄懷堂書畫目錄》著錄
7612 山	軸 165.8×85.9cm	踏雪尋梅圖			《揚州八家叢話》著錄

7613 人	軸 117.5× 58.5cm	得福圖	得福圖。乾隆壬午春月，癭瓢子寫。	D	西泠印社 2009 春
7614 山	95.5× 60.3cm	春園尋友	春風又到草堂東，久客淹留事事慵。自是清言王武子，人稱青道郭林宗。曲澗濮水縈登薦，須愛糟邱積曲封。且喜煙波仍故我，問花月意從容。乾隆壬午春三月寫。癭瓢。	C	中國嘉德 2008 秋季拍賣會

77 歲　乾隆 28 年　癸未　1763 年

代號	形　式	作品名稱	款文錄要	題署類型	刊載處／收藏處
7701 人	軸	漁翁圖	乾隆癸未春二月寫，癭瓢。	C	揚州市私人藏
7702 禽	橫軸 87× 140.6cm	蓮鷺圖	乾隆癸未春三月寫，癭瓢。	C	《圖目五》滬 1-3799 上海博物館
7703 人	軸 120× 61.5cm	鍾進士降福圖	乾隆癸未端午日癭瓢子敬寫。	D	江西省博物館 FH-27
7704 人	軸	老人圖			山東省博物館
7705 山	軸 192× 111.6cm	踏雪尋梅圖	騎驢踏雪爲詩探，七十七叟癭瓢。	C	TH-289、CH-402 榮寶齋
7706 山	軸	踏雪尋梅圖	騎驢踏雪爲詩探，乾隆甲申春二月寫，癭瓢。	C	瀋陽故宮博物館
7707 人	軸 24.5× 31.5cm	花鳥人物集	1. 老子尚白頭，何人髮不秋。不如一爐火，端坐碧山頭。 2. 一年一度花上市，眼底揚州十二春。冷冷東風開燕剪，碧桃細柳雨中新。 3. 模糊老眼塗青紫，摘得驪龍頜下來。 4. 裴度質者不取公愁之，一日香山是帶後相者遇之，驚日子太陰非人所知也，後名震天下。 5. 當塘女子鬢巖巉，穿袖新奇短短杉。自言江南風景好，梨花小雨燕呢喃。 6. 松門開石鏡，曾照幾人過。山愛芙蓉面，駒憐白玉珂。一肩擔雨雪		香港佳士得 2006 秋季拍賣會

78 歲　乾隆 29 年　甲申　1764 年

代號	形　式	作品名稱	款文錄要	題署類型	刊載處／收藏處
山 7801	軸	騎驢踏雪圖			福建省博物館
7802 山	軸 38×349cm	桃花源圖及草書《桃花源記》	古春一記，老缶題畢篆端，時己卯二月秒黃慎草書陶潛《桃花源記》全文及《桃花源》詩。乾隆甲申冬月錄，黃慎。	A	TH-106 安徽省博物館
7803 人	軸 103.8×118.9cm	王右軍書帖換鵝圖	乾隆甲申冬至日瘦瓢子慎寫。	D	CH-153　遼寧省博物館
7804 人	軸	老人持菊行吟圖			《聽雨軒筆記》卷一著錄
7805 人	軸 184×95cm	陶淵明詩意圖			瀚海 1994 秋季拍賣會-134
7806 人	120×95cm	鍾馗圖	乾隆甲申端午寧化黃慎敬寫。	A	中國嘉德 2007 秋季拍賣會
7807 書	128×23×2cm	書法聯			中國嘉德 2007 秋季拍賣會

79 歲　乾隆 30 年　乙酉　1765 年

代號	形　式	作品名稱	款文錄要	題署類型	刊載處／收藏處
7901 禽	軸 182.6×109.5cm	三羊圖	飲哺懲澆俗，行驅夢逸材。仙人擁不去，童子馭未來。夜眼含星動，晨氈映雪開，莫言鴻漸力，長牧上林限。乾隆乙酉秋寫於燕江，寧化瘦瓢黃慎。	C、A	FH-46 安徽省博物館

80 歲　乾隆 31 年　丙戌　1766 年

代號	形　式	作品名稱	款文錄要	題署類型	刊載處／收藏處
8001 人	軸 181×101cm	麻姑圖	乾隆丙戌春二月瘦瓢寫。	C	《圖目十八》湘 1-063 湖南省博物館
8002 冊	冊 22.3×27.4cm	人物、花鳥、山水圖首頁行書逸韵	逸韻，八十老人慎黃慎。	A	《圖目十一》浙 5-151 杭州市文物考古研究所

代號	形 式	作品名稱	款文錄要	題署類型	刊載處／收藏處
		1.江樓候魚圖 2.江亭野望圖 3.教子讀書圖 4.劉伶醉酒圖 5.夕陽歸牧圖 6.驄馬顧鳴圖 7.葡萄垂蔓圖 8.文石彩蝶圖 9.牡丹花圖 10.幽禽秋枝圖 11.鷫鵠荣花圖 12.雪梅寒雀圖			
8003 書	軸 152.8×48cm	草書七言詩			北京故宮博物院
8004 禽	軸 123.7×58.2cm	雙羊圖	昔時賢相惟三陽，升平輔理稱虞唐。九重悠遊翰墨香，天與人文垂四方。八十叟瘦瓢子寫。	D	CH-172 安徽省博物館
8005 花	軸 102.5×45.3cm	瓶花圖	十載歸來臥水濱，何曾芳及廣陵春。今朝照影恍霜鬢，故遣楊妃冷笑人。八十叟瘦瓢子題。	D	中國嘉德08春季拍賣會-1259
8006 人	軸 165.5×87.8cm	仙家送丹圖	紛紛何事皆言醉，仙家獨向送中醒。金丹投出飛昇去，衝破長空一點青。八十老人黃愼。	A	西泠印社2008春季拍賣會

81歲　乾隆32年　丁亥　1767年

代號	形 式	作品名稱	款文錄要	題署類型	刊載處／收藏處
8101 禽	軸 166.5×88cm	柳鴉圖	乾隆丁亥七月寫於鄞江郡署，瘦瓢。	C	《圖目十八》陝1-32 陝西省博物館
8102 書	聯 104.4×25.6cm	行書五言聯			北京故宮博物院
8103 書	聯 119.8×29.8cm	行書七言聯			臺灣省私人
8104 書	聯 117.5×21cm	行書五言聯			CH-430 廣州市美術館
8105 書	聯 108.5×21.5cm				香港佳士德2004春季拍賣會
8106 書	聯 133×28×2cm		一庭花醉早生月，半榻風清鶴近人。		中國嘉德2009秋季拍賣會

82 歲　乾隆 33 年　戊子　1768 年

代號	形　式	作品名稱	款文錄要	題署類型	刊載處／收藏處
8201 人	軸	麻姑晉酒圖	乾隆戊子春三月寫於靜遠草堂，瘦瓢。	C	福建寧化縣私人藏
8202 冊	冊	花卉、人物圖			私人藏
8203 花	冊	花卉圖			《明清的繪畫》

83 歲　乾隆 34 年　己丑　1769 年

代號	形　式	作品名稱	款文錄要	題署類型	刊載處／收藏處
8301 人	立軸 96×31cm	漁翁	籃內河魚換得錢，蘆花被裡醉孤眠。每逢風雨不歸去，寂寥灘頭泊釣船。八十三叟老人瘦瓢子慎。	D、B	中國嘉德 2008 春季拍賣會

附錄二　黃慎無紀年書畫目錄

人物

代號	形　式	作品名稱	款文錄要	題署類型	刊載處／收藏處
人001	軸211×69cm	麻姑仙像	十二碧城栖第幾，風繡幡卷鳳尾。七月七日降人間，酒行百斛歌樂豈。矜將狡獪試經家，長鐵頃刻成丹砂。閑著六銖歷寒暑，頂分雙髻學林鴉。花香玉膳擘麟脯，千載蕉花獻紫府。不知此去又何年？咨爾方子總眞主。珊瑚鐵網海已枯，桑田白景更須臾。況睹蓬壺經幾淺，御風天外舞憑虛。癭瓢子愼寫。	D、B	FH-24 北京故宮博物院
人002	軸139×91cm	鍾馗訓讀圖			北京故宮博物院
人003	軸164×98.8cm	探珠圖			北京故宮博物院
人004	軸137×69cm	麻姑圖			北京故宮博物院
人005	扇面17×49.1cm	人物圖			北京故宮博物院
人006	折扇面17.7×49cm	整冠圖			北京故宮博物院

人 007	軸 91×35cm	採茶老翁圖	紅塵飛不到山家，自採峰頭玉女茶，歸去溪雲攜滿袖，曉風吹，亂碧桃花。慎。	B	TH-117《圖目一》京 5-471 首都博物館
人 008	軸 182.3×97.8cm	人物圖	海上歸來鬢已華，頻將九轉試丹砂。世人欲識先生面，請看頭顱三朵花。瘦瓢子寫	D	TH-113、CH-179 中國歷史博物館
人 009	橫軸 50.6×75.4cm	醉眠圖	心不能行不如醉，口不能言不如睡。先生之睡醒醉間，萬古無人知此意，閩中黃慎寫	A	《圖目一》京 3-124 中國美術館
人 010	軸 143.5×74cm	老叟瓶梅圖	花發平津望嶺頭，詠雙江郡齋八月梅花，閩中黃慎	A	《圖目一》京 3-121 中國美術館
人 011	軸	賞梅圖			中央美術學院
人 012	軸 161×85.5cm	二仙乘槎圖	美成堂黃慎。	A	TH-284 中央工藝美術學院
人 013	軸	黃石公圖			北京市文物商店
人 014	軸	鍾馗圖			北京市文物商店
人 015	軸 201×110cm	果老仙姑圖	昔日騎驢客，人稱果老仙。問之欲何往？大笑指青天。仙姑姓字揚，聞說在華唐。玉洞猿聲遠，瓊花吸露香。寧化瘦瓢子慎寫。	D、B	TH-288 榮寶齋
人 016	軸 232.5×132cm	伏生授經圖			天津藝術博物院
人 017	軸 138×48.4cm	魚婦攜筐圖	漁翁晒網趁斜陽，魚婦攜筐入市場。換得城中鹽菜米，其餘沽酒出橫塘。寧化瘦瓢子慎寫。	D、B	TH-134、《圖目十》津 7-1262 天津藝術博物院
人 018	軸 206.7×113.5cm	來蝠圖	何事紛紛皆若醉，仙家獨向道中醒，金丹放出飛昇去，衝破秋空一點青。寧化黃慎	A	TH-135、《圖目十》津 7-1259 天津藝術博物院
人 019	軸 135×168.6cm	鐵拐醉眠圖	誰道鐵拐，形跛長年。芒鞋何處？醉倒華顛。瘦瓢	C	TH-136、《圖目十》津 7-1263 天津藝術博物院
人 020	軸 94.2×101.2cm	蘇武牧羊圖	蘇武牧羝於海上，節旄盡落，十九年始得歸漢。瘦瓢子慎寫。	D	TH-150 上海博物院
人 021	軸 135×68.6cm	醉鐵拐李圖	吞雲作霧遍天涯，不問人間路幾賒。攝著芒鞋雙足健，手中都是十洲花。瘦瓢	C	CH-211 天津藝術博物院

人022	軸	醉仙圖			中國美術上海分會
人023	軸154.1×63.2cm	捧花老人圖	學道無成鬢已華，不勞千劫漫蒸砂。歸來且看一宿覺，未暇遠尋三朵花。兩手欲遮瓶裡雀，四條深怕井中蛇。畫圖要識先生面，試問陵房好事家。房州通判許安世以書遺余，言吾州有異人，嘗戴三朵花，莫知其姓名，郡人因以三朵花名之。能作詩，皆神仙意。又能自寫眞，人有得之者。許以一本見惠，乃爲作此詩。寧化瘦瓢子慎摹。	D	FH-35 上海人民美術出版社
人024	軸138×92cm	漁翁圖			上海朵雲軒
人025	軸131×48cm	賞梅圖			上海朵雲軒
人026	軸148×51cm	張果偕隱圖			上海文物商店
人027	軸84×41cm	麻姑晉爵圖	黃慎		上海文物商店
人028	軸94.3×110.1cm	林和靖愛梅圖	晴日茅齋向水隈，霜風獵獵剪春梅。漫傳和靖孤山韻，澆盡佺期小歲杯。展印香泥魂自惜，煙籠紙帳夢初回。高情不與梨花亂，只許空林雪作堆。寧化黃慎。	A	TH-193 南京博物院
人029	軸175×87.4cm	擊磬圖			TH-190、FH-39 南京博物院
人030	軸177×90.5cm	執磬圖	氣化雷，大聲吼，驚醒尼父周公夢。肅衣冠，神抖搜，考石有音惟泗濱。捨此而求更無有，神載符節奏，黃慎。	A	TH-191 南京博物院
人031	軸122.7×63.8cm	品硯圖	與墨爲入，玉靈之食，與水爲出，陰鑑之液。懿矣茲石，君子之側，匪以玩物，惟以觀德，瘦瓢。	C	TH-192 南京博物院
人032	軸124.1×56.9cm	漁翁漁婦圖	漁翁晒網趁斜陽，魚婦攜筐入市場。換得城中鹽菜米，其餘沽酒出橫塘。寧化瘦瓢子慎。	D、B	FH-37、CH-281 南京博物院
人033	卷	二老圖			江蘇省博物館
人034	軸	漁翁圖			南京市博物院

人035	軸	彈琴圖			南京市文物商店
人036	軸	聽琴圖			南京市文物商店
人037	軸	老叟圖			南京市文物商店
人038	軸	人物圖			浙江省博物館
人039	43.2×30.5cm	漁翁圖	籃內河魚換酒錢，蘆花被裏醉紅眠，每逢風雨不歸去，紅蓼灘頭泊釣船，寧化黃慎。	A	TH-237 浙江省博物館
人040	軸185×111cm	麻姑獻壽圖	十二碧城栖第幾，風繡幡卷鳳尾。七月七日降人間，酒行百斛歌樂豈。矜將狡獪試經家，長鐵頃刻成丹砂。閑著六銖歷寒暑，頂分雙髻學林鴉。花香玉膳擘麟脯，千載蕉花獻紫府。不知此去又何年？咨爾方子總真主。珊瑚鐵網海已枯，桑田白景更須臾。況睹蓬壺經幾淺，御風天外舞憑虛。瘦瓢子慎寫	D、B	《圖目十一》浙4-113 杭州西泠印社
人041	軸	壽星圖			杭州西泠印社
人042	軸	松下撫琴圖	採茶深入麋鹿群，自剪荷衣漬綠雲。寄我峰頭三十六，消煩多謝武夷君。瘦瓢。	C	《圖目十一》浙22-02 浙江省東陽市文物管理辦公室
人043	軸	鐵拐李像			浙江省溫州市博物館
人044	軸	醉眠圖			寧波市天一閣文物保管所
人045	軸	採藥老人圖			揚州市博物館
人046	軸170.2×90.4cm	費長房遇仙圖	漢有老翁賣藥，懸一壺於市。及罷，輒跳入壺中，人莫之見，惟長房睹之，異焉。因往拜，奉酒脯。翁知其意誠也，謂曰：子明日來。長房旦夜復詣，翁乃與入壺中。惟見玉堂嚴麗，旨酒甘肴，盈衍其中。共飲畢而出。寧化瘦瓢子慎寫。	D、B	TH-226 揚州市博物館
人047	軸	東坡玩硯圖			揚州市博物館
人048	軸157×77.5cm	賞梅圖	品原絕世誰同調，骨是平生不可作，劉蟄石句，閩中黃慎	A	TH-225 揚州市博物館
人049	軸	老叟抱琴圖			揚州私人藏

人 050	軸 178.4×91.1cm	蘇武牧羊圖	攜手上河梁，遊子暮何之？徘徊蹊路側，恨恨不能辭。行人難久留，各言長相思？安知非日月，弦望自有時。努力崇明德，皓首以爲期。骨肉緣枝葉，結交亦相因。四海皆兄弟，誰爲行路人？況我連枝樹，與子同一身。昔爲鴛與鴦，今爲參與辰。昔者常相近，邈若胡與秦，惟今當離別，恩情日以新。鹿鳴思野草，可以喻嘉賓。我有一樽酒，欲以贈遠人，願子留斟酌，敘此平生。寧化瘦瓢子慎寫。	D、B	TH-224 蘇州市博物館
人 051	軸 295×130cm	二仙圖	瘦瓢黃慎		蘇州市博物館
人 052	軸	鐵拐李圖			南通博物苑
人 053	軸 157×95.7cm	人物圖	寧化瘦瓢。	C	《圖目六》蘇 2-207 無錫市博物館
人 054	橫軸 107×118.3cm	鐵拐醉眠圖			TH-223、《圖目六》蘇 6-208 無錫市博物館
人 055	橫軸	鐵拐李像			無錫市博物館
人 056	軸	壽星圖			安徽省博物館
人 057	軸 257×125cm	南極仙翁圖	豐載道翁也，以八百歲爲春，八百歲爲多，舉杯吞湖海上，策杖返扶桑之東。福建瘦瓢子慎寫。	D、B	TH-224、FH-34 安徽省博物館
人 058	折扇面 15.8×50cm	琴鶴相隨圖	鳳翥鷹翔，垂紳委珮。焚香正告，琴鶴自隨。朱弦玉軫，皆吾知音。縞衣玄裳，皆吾同類。寧化黃慎。	A	TH-241 安徽省博物館
人 059	軸 190.1×105.6cm	老叟捧梅圖	寄取桓玄畫一櫥，草堂仍是舊規模。膽瓶自插梅花瘦，長憶春風乞鑒湖。瘦瓢。	C	TH-240 安徽省博物館
人 060	軸	武夷採茶圖			山東省博物館
人 061	軸	秋林讀書圖			山東省博物館
人 062	軸	東坡洗硯圖			山東省濟南市博物館
人 063	軸 91×60cm	採茶圖	採茶深入鹿麋群，自剪荷衣漬綠雲。寄我峰頭三十六，消煩多謝武夷君。黃慎。	A	《圖目十六》魯 7-72 山東省煙臺市博物館

人064	軸 159×65.5cm	東坡銘硯圖	唐林上人遺余丹石硯，粲然如芙蕖之出水，發墨而宜筆，盡硯之美。唐氏譜天下硯，而獨不知茲石之所出，予蓋誌之。銘曰：彤池紫淵，出日所浴。蒸爲赤霞以貫暘谷。是生斯珍，非石非玉。因材制用，璧水環復。新予中洲，藝我玄粟，投種則獲，不炊而熟。閩中黃慎寫。	A	《圖目十八》贛1-26 江西省博物館
人065	軸 104×73.5cm	愛菊圖			江西省博物館
人066	橫軸 132.8×189.5cm	三仙圖	何事紛紛皆若醉，仙家獨自道中醒。金丹放出飛昇去，衝破秋空一點青。寧化瘦瓢子慎寫。	D、B	江西省景德鎮博物館
人067	橫軸	麻姑圖			福建省博物館
人068	軸	漁翁圖			福建省積翠園藝術館
人069	軸	漁翁圖			福建省師範大學
人070	軸 160×90cm	關公像			福建省寧化縣博物館
人071	軸 80×120cm	三星圖			福建省寧化縣博物館
人072	軸	採藥老人圖			福建省寧化縣博物館
人073	軸 154×86cm	風塵三俠圖	瘦瓢黃慎。		《圖目十四》閩5-2 福建省寧化縣博物館
人074	軸 152×82cm	壽星圖			福建省寧化縣博物館
人075	橫軸 70×110cm	醉翁圖			福建省寧化縣博物館
人076	軸 216.3×136.2cm	壽星圖			福建省龍岩博物館
人077	軸 132×60cm	接蝠圖	啞性多累，聾性多喜。與其緘口，不如充耳。閩中瘦瓢子慎寫	D、B	天津國拍2001.11-853
人078	軸	鐵拐拈花圖	吞雲作霧遍天涯，不問人間路幾賒。攝著芒鞋雙足健，手中都是十洲花。瘦瓢	C	《圖目六》蘇3-064 蘇州市文物商店

人 079	軸 200×104cm	李鐵拐圖	吞雲作霧遍天涯，不問人間路幾賒。攝著芒鞋何處去？手中都是十洲花。瘦瓢	C	《圖目八》津3-04 天津市美術學院
人 080	軸 165×76cm	二仙圖	銅柱銷磨海盡塵，寧化瘦瓢子慎寫。	D、B	《圖目八》津6-121 天津市文物公司
人 081	軸 109×58cm	老叟梅鶴圖	冷冷雪風趁小春，短節扶我到江濱。一枝照水凌霜鬢，送喜梅花笑老人。瘦瓢。	C	天津市歷史博物館
人 082	軸 124×65cm	老叟捧梅圖	寄取桓玄畫一櫥，草堂仍是舊規模。膽瓶自插梅花瘦，長憶春風乞鑒湖。瘦瓢子慎寫。	D、B	TH-185 遼寧省博物館
人 083	軸 119.6×59.7cm 120×59.9cm	漁父漁女圖	懷昔蠡湖湖上住，湖邊常泊舟無數，舟中有女正少年，皎若芙蓉沐朝露。照影無言只自憐，自憐欲倩誰調護？春花春柳處處同，十五十六閑教度。清曉黃昏風月生，往來慣逐雙飛鷺。朝來又喚打魚圍，打得金鱗喜正肥。親手攜將市上去，賣錢買得胭脂歸。愛他吳女梳妝好，也學輕將螺黛掃，妝罷舟橫理棹忙，綠雲青霧飄銀塘。河洲忽聽關關好，誰賦周南第一章。寧化瘦瓢子慎。	D、B	TH-183 遼寧省博物館
人 084	軸 137×60cm	麻姑獻壽圖	麻姑年十八九許，頂中作髻，餘髮垂至腰。其衣有文章，而非錦綺，光彩耀目，不可名字，皆世□無也。總真人王方平降括蒼民蔡經家，召姑；姑至，各進行廚。金盤玉杯，麟脯仙饌，而香氣達於內外。自言見東海三爲桑田，蓬萊水淺，乃淺於略半也。瘦瓢。	C	TH-189 旅順博物館
人 085	軸 123×47cm	漁樂圖	藍內河魚換酒錢，蘆花被醉孤眠。每逢風雨不歸去，寂寥灘頭泊釣船，瘦瓢。	C	北京保利2008春拍 http://pm.findart.com.cn/699527-pm.html 2009 年 12 月 11 日下載
人 086	軸 179×195.5cm	寧王相馬圖			《圖目八》冀1-147 河北省博物館

人087	軸 132×64cm	鴛盂仕女圖	芙蓉爲帳金爲堂，冷落流蘇百合香。額角有傷求獺髓，縣門無日化鴛鴦。軟風委地春花晚，明月當天繡戶涼。一自蕭郎經別後，舞衣閑疊合歡床。雙龍畫燭吐青煙，寶瑟閑揮五十弦。髻墜盤雲光殿角，據如飛燕落筵前。舞腰一尺愁何減，淚眼盈波見易憐。堪飛笑郎空悵望，藍橋回首即神仙。瘦瓢子寫。	D	TH-247、《圖目八》豫 1-22 河南省博物館
人088	軸 190×100cm	接蝠圖	啞性多累聾性，多喜與其緘口，不如充耳。寧化瘦瓢子慎寫。	D、B	《圖目八》晉 1-145 山西省博物館
人089	軸 142×66cm	擊磬圖			TH-269 廣東省博物館
人090	軸 189×115cm	麻姑圖	十二碧城樓第幾，風繡幡卷鳳尾。七月七日降人間，酒行百斛歌樂豈。矜將狡獪試經家，長鐵頃刻成丹砂。閑著六銖歷寒暑，頂分雙髻學林鴉。花香玉膳擘麟脯，千載蕉花獻紫府。不知此去又何年？咨爾方子總真主。珊瑚鐵網海已枯，桑田白景更須臾。況睹蓬壺經幾淺，御風天外舞憑虛。瘦瓢子慎寫。	D、B	TH-277、《圖目十四》粵 2-382 廣州市美術館
人091	軸 185×114cm	廣陵花瑞圖	芍藥青紅瓣，而黃腰者號金帶圍，本無常種此花，見則城內之宰相，韓魏公家廣陵，日一出四枝，公選客具宴以賞之，時王岐公以高科爲倅，王荊公以名士爲屬，皆在選，尚闕其一，私念有過客召使當之，及暮，報招陳太傅來，亟使，召至乃秀公也。寧化瘦瓢子。	D	TH-276、《圖目十四》粵 2-384 廣州市美術館
人092	軸 189×115cm	探梅圖			廣州市美術館
人093	橫軸 133.5×160.5cm	仙人泛差圖			陝西省博物館
人094	橫軸 96.5×127.5cm	停琴倚扇圖			四川大學
人095	軸 106×51cm	風塵三俠圖	閩中黃慎寫。	A	TH-304、CH-404 重慶市博物館

人 096	軸	賞菊圖			貴州省博物館
人 097	橫軸 92×129.5cm	倚琴紈扇美人圖	江南將北春水滿，江上客盧春雨滯。可憐柔綠與嫣紅，多少東風吹不斷。此時買酒問梨花，醉中撫景來天涯。愁懷美人目渺渺，蘸墨濡毫淬舜華。唇紅巧笑想瓠齒，額黃淺淡憶㜂髓。捲簾斜抱縷金裙，入戶難抬刺繡履。手製齊紈名合歡，言題未題如聞歡。腰支綬帶止一尺，頭上犀玉空辟寒。龍綃光薄露紅玉，鳳髻倭嬾耀金屋。心煩語默良難知，綠綺不彈空置之。世不知音空日暮，篸嫷妥影劍雙眉。均不見當年婕妤咏團扇，曾辭同輦第聞善。重之不以色事君，肯將鉛粉塗其面。瘦瓢。	C	FH-23、《圖目十七》川 2-098 貴州省博物館
人 098	折扇面	山月照彈琴圖	松風吹解帶，山月照彈琴。蘣圃慎寫。	F	《圖目十八》湘 1-066　湖南省博物館
人 099	冊 23.5×29.8cm	尼父擊磬圖			國泰美術館
人 100	軸	壽星圖			國泰美術館
人 101	軸	人物圖			香港中文大學美術館
人 102	軸	壽星圖			香港虛白齋
人 103	軸 177.2×91.7cm	麻姑晉酒圖			香港葉承耀
人 104	軸 178×53.6cm	東坡賞硯圖			日本京都國立博物館
人 105	軸 166.3×79.2cm	麻姑仙人圖			日本山口良夫
人 106	軸	鐵拐拈花圖	吞雲作霧遍天涯，不問人間路幾賒。攝著芒鞋何處去？手中都是十洲花。瘦瓢	C	FH-31
人 107	冊 28×32.5cm	人物圖			斯坦福大學美術館
人 108		故事人物			密執安大學美術館
人 109		老人圖			CY-112 普林斯頓大學美術館

人 110	軸 114.3× 41.1cm	漁翁圖	籃內河魚換酒錢，蘆花被裏醉紅眠，每逢風雨不歸去，紅蓼灘頭泊釣船，寧化黃慎。		CH-337 日本大阪市立美術館
人 111		神仙圖圖			CY-108 上海市孫伯淵
人 112		鐵拐圖			CY-108 寧化縣岸北齋
人 113		抱琴老翁圖			CY-110 揚州徐笠樵
人 114	冊	老翁圖冊			CY-112 日本大阪上野市有竹齋
人 115	軸	人物冊			CY-112 日本大阪上野市有竹齋
人 116		人物圖			美國景元齋
人 117	軸 177× 104cm	採藥老翁圖	有時帶劍鋤靈藥，無事焚香對古松。癭瓢子慎寫。	D、B	上海崇源 2007 年秋拍 http://pm.findart.com.cn/593517-pm.html 2009 年 12 月 11 日下載
人 118	軸 171× 44.5cm	賞梅圖			北京翰海 2006 春拍 http://pm.findart.com.cn/1455386-pm.html 2009 年 12 月 11 日下載
人 119	軸 177.5× 95cm	人物圖	惟倚梧之所生兮，託峻嶽之崇岡。披重壤臥涎載兮，參辰極而高驤、含天地之醇和兮，吸日月之休光。郁紛紜以獨茂兮，飛英蕤於吳蒼，夕納景於虞淵兮，且晞干于九陽。經千載以待價兮，寂神躊而永康。寧化黃慎。	A	北京翰海 2006 春拍 http://pm.findart.com.cn/1104476-pm.html 2009 年 12 月 11 日下載
人 120	軸 168.5× 47.5cm	簪花圖	芍藥青紅瓣，而黃腰者號金帶圍，本無常種此花，見則城內之宰相韓魏公家。廣陵日，一出四枝，公選客具宴以賞之，時王岐公以高科爲倅，王荊公以名士爲屬，皆在選中，尚闕其一，私乏		佳港 2007 秋拍 http://pm.findart.com.cn/578579-pm.html 2009 年 12 月 11 日下載

			青過客召使當之，及暮，招陳太傅來，亟使召至乃秀公也，後四公皆入相。		
人 121	軸 154.5×84cm	焚香告天圖	焚香告天圖，癭瓢黃慎。	A	中嘉 2008 年春拍 -1170
人 122	軸 175×97cm	壽星圖	嘉祐七年十二月，京師有道人遊卜於市，體貌古怪，不與常類，飲酒無算。都人士異之，好事者潛圖其狀。後近侍達帝，帝引見，賜酒一石。飲及七斗，時司天臺奏：'壽星侵帝座'，忽失道人所在。仁宗喜嘆久之。閱世所寫壽星，松柏參差，粉飾鮮麗而已。而壽星之真，果何如耶我朝來萬物熙熙，無物不壽，宜乎壽星遊戲人間。珍禮是圖，與民同壽，此真帝意也。寧化黃慎	A	中嘉 1995 年春拍 -176
人 123	冊 25×20.5×16cm	美人畫冊			西泠印社 2007 秋拍 http://pm.findart.com.cn/1024237-pm.html 2009 年 12 月 11 日下載
人 124	軸 174×92cm	醉歸圖	菊花須插滿頭還。癭瓢。	C	北京翰海 2005 春拍 http://pm.findart.com.cn/1209492-pm.html 2009 年 12 月 11 日下載
人 125	軸 135.5×63cm	聽琴圖	蓮日春晴花盡開，小園長共踏春來。桃邊不辨桃花雨，竹裡偏宜竹葉杯。並語黃鸝休自得，雙飛蝴蝶豈相猜。晚來月出人將醉，最愛花蔭滿綠。		西泠印社 2007 秋拍 http://pm.findart.com.cn/1015543-pm.html 2009 年 12 月 11 日下載
人 126	軸 65.7×53.2cm	鐵拐李	癭瓢	C	中國嘉德 2005 秋拍 http://pm.findart.com.cn/1259867-pm.html 2009 年 12 月 11 日下載

人127	軸 193×101cm	仙人圖	譬載哉是翁也。以八百歲爲春，八百歲爲冬。舉杯吞湖海之北，策杖返扶桑之東。福建寧化瘦瓢老人寫。	E	北京保利2008春拍 http://pm.findart.com.cn/699526-pm.html 2009年12月11日下載
人128	冊頁	劉寬恕婢圖			美國密執安大學美術館藏
人129	冊頁	羅公遠嗅柑圖			美國密執安大學美術館藏
人130		簡筆人物冊（十幀）1.貧僧補衲 2.撫琴移情 3.東坡展笠 4.蘇晉逃禪 5.東籬採菊 6.淵明讀書 7.驢背詩思 8.鋤月種梅 9.抱瓮灌園 10.清江漁父	1.一衲破青天。 2.能移人情。 3.東坡展笠圖。 4.醉中往往愛逃禪。 5.悠然見南山。 6.時還讀我書，瘦瓢。 7.詩思在灞橋驢背上，瘦瓢。 8.荷鋤明月種梅花。 9.漢陽老人抱瓮灌。 10.羨煞清江白髮翁，和風和雨卷釣筒。	C	FH-41、PH-19
人131	軸	佩劍採藥圖	有時帶劍鋤靈藥，無事焚香對古松。閩中黃慎	A	CH1-82
人132	軸	折梅圖	莫道歸來無故物，梅花清福也難消，瘦瓢。	C	CH-357
人133	軸 146×106cm	三仙煉丹圖	寫於過庭，瘦瓢	C	CH-334 江蘇常州市博物館
人134	軸 123×47cm	漁父圖	藍內河魚換酒錢，蘆花被裡醉孤眠。每逢風雨不歸去，寂寥灘頭泊釣船。瘦瓢子慎。	D、B	北京翰海2007 http://pm.findart.com.cn/1010406-pm.html 2009年12月11日下載
人135	軸 123×47cm	插梅圖	書家桓玄畫一廚，草堂仍是舊規模，膽瓶自插梅花瘦，長憶春風乞鑒湖，瘦瓢。	C	北京翰海2007春 http://pm.findart.com.cn/936280-pm.html 2009年12月11日下載
人136	軸 159.5×90cm	煉丹圖	世事紛紛皆欲醉，仙家獨自道中醒。金丹放出飛昇去，衝破秋空		瀚海2002春拍-1075

			一點青。寧化瘦瓢子愼寫。瘦瓢黃愼。		
人 137	冊 24× 32cm	繪畫集珍			瀚海 2002 秋拍 -1111
人 138	軸 166× 87cm	東坡玩硯圖	石出西山之西，北山之北，戎已發劍，予以試墨。予是以知天下之材，皆可納聖賢之域。瘦瓢子愼寫。	D、B	中嘉 2002 秋拍 -839
人 139	軸 123.5× 65cm	東坡賞硯圖	與墨爲入，玉靈之食，與水爲出，陰鑑之液。懿矣茲石，君子之側，匪以玩物，惟以觀德，瘦瓢子寫。	D	翰海 1999 春-670
人 140	軸 116× 232cm	鍾馗醉酒圖	瘦瓢子愼寫	D、B	深圳 1999 春季拍賣會-389
人 141		焚香圖	黃愼恭壽氏寫	A、G	榮寶 00 秋拍-935
人 142	軸 174× 93cm	人物圖	瘦瓢子寫。	D	翰海 99-741
人 143		鐵拐拈花圖	吞雲作霧遍天涯，不問人間路幾賒。攝著芒鞋雙足健，手中都是十洲花。瘦瓢	C	中嘉 94 秋-243
人 144	軸 46.5× 63.5cm	成仙圖	周義止入蒙山中，遇羨門子乘白鹿佩青髦之節。再拜乞長生要訣。羨門子曰，汝名已在丹臺，何憂不作仙，後得道，號紫陽眞人。		中貿聖佳 2008 春拍 http://pm.findart.com.cn/432333-pm.html 2009 年 12 月 11 日下載
人 145	軸 167× 90.5cm	獻飲圖	嘉祐七年十二月，京師有道人遊卜於市，體貌古怪，不與常類，飲酒無算。都人士異之，好事者潛圖其狀。後近侍達帝，帝引見，賜酒一石。飲及七斗，時司天臺奏：「壽星侵帝座」，忽失道人所在。仁宗喜嘆久之。閱世所寫壽星，松柏參差，粉飾鮮麗而已。而壽星之眞，果何如耶我朝來萬物熙熙，無物不壽，宜乎壽星遊戲人間。珍禮是圖，與民同壽，此眞帝意也。瘦瓢。	C	佳港 2008 春拍 http://pm.findart.com.cn/464298-pm.html 2009 年 12 月 11 日下載
人 146	軸 26× 32cm	捧花老人圖	海上歸來鬢色華，憑將九轉誠舟砂。世人欲識先生面，且看頭額三朵花。黃愼。	A	中嘉 2008 春拍 http://pm.findart.com.cn/504513-pm.html 2009 年 12 月 11 日下載

人 147	軸 209.5× 115.5cm	對飲圖	（陶淵明詩〈讀山海經十三首其一〉、〈詠貧士詩其一〉，〈飲酒詩之六〉、〈飲酒詩之八〉）寧化瘦瓢子慎。	D	中貿聖佳 2007 秋拍 http://pm.findart.com.cn/585636-pm.html 2009 年 12 月 11 日下載
人 148	軸 27× 33cm	嫗孫理絲	瘦瓢子。	D	中貿聖佳 2005 秋拍 http://pm.findart.com.cn/1291510-pm.html 2009 年 12 月 11 日下載
人 149	軸 90× 121cm	牧羊圖	白羊成隊難收拾，吃盡溪邊巨勝花。瘦瓢。	C	匡時國際 2006 春拍 http://pm.findart.com.cn/1445987-pm.html 2009 年 12 月 11 日下載
人 150	軸 102× 43cm	踏雪尋梅圖	瘦瓢子慎寫。	D、B	中國嘉德 2006 春拍 http://pm.findart.com.cn/1384555-pm.html 2009 年 12 月 11 日下載
人 151	30×42cm	人物圖			中國嘉德 2006 春拍 http://pm.findart.com.cn/1451374-pm.html 2009 年 12 月 11 日下載
人 152	軸 196.5× 104cm	迎福降祥圖	正直剛方，其貌堂堂，威儀章章，其心孔良，手執圭璋，大度汪洋，迎福降祥，廟德稱昌。寧化黃慎敬寫。	A	北京翰海 2006 秋拍 http://pm.findart.com.cn/1568617-pm.html 2009 年 12 月 11 日下載
人 153	軸 235.5× 119cm	壽星圖	釁載道翁也，以八百歲為春，八百歲為多，舉杯吞湖海上，策杖返扶桑之東。寧化瘦瓢子慎寫。	D、B	北京翰海 2006 秋拍 http://pm.findart.com.cn/1568618-pm.html

					2009 年 12 月 11日下載
人154	軸151.5×47cm	愛菊圖	雖慚老圃秋容淡，才有黃花晚節香，閩中黃慎。	A	西泠印社2006秋拍 http://pm.findart.com.cn/1518999-pm.html 2009 年 12 月 11日下載
人155	軸124×58cm	漁翁圖	籃內河魚換酒錢，蘆花被裡醉孤眠。每逢風雨不歸去，紅蓼灘頭泊釣船。瘦瓢。	C	佳港2006秋拍 http://pm.findart.com.cn/880983-pm.html 2009 年 12 月 11日下載
人156	軸85×34cm	人物	賣花只賣菊，此老原不計，算賣華錢，籬邊一醉足。瘦瓢子黃慎。	C、A	北京保利2009秋拍 http://pm.findart.com.cn/1613730-pm.html 2009 年 12 月 11日下載
人157	軸196.5×51cm×4	四季人物故事屏	閩中黃慎寫。	A	北京長風2009春拍 http://pm.findart.com.cn/364100-pm.html 2009 年 12 月 11日下載
人158	軸27.5×20cm	驢背尋詩	詩思在灞橋驢背上。		中貿聖佳2005秋拍 http://pm.findart.com.cn/1374899-pm.html 2009 年 12 月 11日下載
人159	21.8×32.5cm	賞琴圖	伊珠弦之雅器，含太古之遺美，扣清澄於雲和，激流泉於綠綺，神女落霞，蔡邕焦尾陶潛撫之，以寄意宓子彈而爲治，周公之善越棠。文王之拘羑里傳古法嵇康。感幽靈於女子。若乃前廣後狹之制，圓天方地之儀，或懸壁以爲戒，或去軫以觀辭。衛女具歸之引伯奇違養之悲，玩之有龍		佳港2009春拍 http://pm.findart.com.cn/367850-pm.html 2009 年 12 月 11日下載

代號	形　式	作品名稱	款文錄要	題署類型	刊載處／收藏處
			鸞之狀，聽之有志義之思，師襄既拱於夫子，伯牙亦哀於子期。則有寒山之幹，龍門之枝，空桑之美，嶧陽之奇，則九星之象六合。應八風而發四時。		
人160	軸169×91.5cm	東坡玩硯圖	與墨爲入，玉靈之食，與水爲出，陰鑑之液。懿矣茲石，君子之側。匪以玩物，惟以觀德。癭瓢子寫。閩中黃慎寫。	A	北京翰海2006春拍
人161	79×121cm	鐵拐仙圖	誰道鐵拐仙，形跛得長年。芒鞋何處去，醉倒華山巔。癭瓢。	C	西泠印社2008春拍 http://pm.findart.com.cn/455766-pm.html 2009年12月11日下載
人162	軸163×134cm	李鐵拐像	誰道鐵拐，形跛長年。芒鞋何處，醉倒華巔。寧化癭瓢子慎。	D、A	中國嘉德2008春拍 http://pm.findart.com.cn/1100446-pm.html 2009年12月11日下載

花鳥

代號	形　式	作品名稱	款文錄要	題署類型	刊載處／收藏處
花001	冊30.4×44.3cm	人物、花卉冊			北京故宮博物院
花002	冊24.2×31.4cm	花果圖冊	1. 山深秋老無人摘，自迸明珠打雀兒。 2. 當壚女子髻巉岩，窄袖新奇短短衫。自是江南風景好，梨花小與燕呢喃。 3. 儂愛桐花，桐花多實。不羨合歡，中有得失。 4. 誰憐瑤草自先春，得得東風立水濱，溼透湘裙剛十幅，宓妃原是洛川神。 5. 採蓮入南浦，欲寄遠方書，不知蓮葉下，自有雙鯉魚。 6. 乍剪春風錦繡春，誰憐鐵石是心腸。知君不愛胭脂抹，墨蘸徐妃半面粧。		《圖目二十三》京1-5523北京故宮博物院

			7. 江南霜月白如銀，帶醉歸來別館春。忽到窗間疑是夢，繞簾梅影認前身。寧化瘦瓢子寫。 8. 蔚藍天氣露華新，誰拾閒皆寶玉珍，不識搔頭能倍價，只今猶憶李夫人。 9. 昨夜妾從堤上過，爲何人不看芙蓉。 10. 不是花中偏菊好，此花開後更無花。 11. 納涼憶剝秋蓮子 12. 一年一度花上市，眼底揚州十二春。冷冷東風開燕剪，碧桃細柳雨中新。		
花003	冊 23.1×30.6cm	花卉圖冊	1. 芙蓉只在秋江上 2. 松子落前。 3. 何處飛來白鳳皇。 4. 看山踏破老僧鞋。 5. 寫神不寫貌，寫意不寫形。 6. 階前秋老雞冠癯，牆上春生狗尾草。 7. 閒人先去□□男 8. 誰憐瑤草自先春，得得東風立水濱，溼透湘裙剛十幅，宓妃原是洛川神		《圖目二十三》京 1-5522 北京故宮博物院
花004	冊 24.2×33.2cm	雜畫冊（八幀）	1. 山空松子落。 2. 娥眉試好家園□。 3. 山深悅鳥性。 4. 探茶深入麋鹿群，自剪荷衣漬綠雲。寄我峰頭三十六，消煩多謝武夷君。 5. 江南霜月白如銀，帶醉歸來別館春。忽到窗間疑是夢，繞簾梅影認前身。 6. 園收芋葉未全□。 7. 納涼憶剝分蓮子。 8. 誰憐瑤草自先春，得得東風立水濱，溼透湘裙剛十幅，宓妃原是洛川神		《圖目二十三》京 1-5524 北京故宮博物院
花005	冊 26.5×35.8cm	雜畫冊			北京故宮博物院
花006	卷	花卉圖	瘦瓢。	C	《圖目二十三》京 1-5526 北京故宮博物院
花007	卷	梅花圖			北京故宮博物院

花 008	折扇面 17.1× 50.6cm	蔬果圖			北京故宮博物院
花 009	24× 27.5cm	雜畫冊			北京故宮博物院
花 010	軸 130.2× 71.8cm	荷鷺圖	雙鷺應憐水滿池，風飄不教頂絲垂。立當青草人先見，行傍白蓮魚未知。一與獨拳寒與星，每聲相叫早秋時。林塘得雨須增價，況與詩家物色間。瘦瓢。	C	TH-115 北京故宮博物院
花 011	174.5× 50.4cm	雄鷹獨立圖	左看若側，右視如傾。勁翩上下，機健體輕。嘴利若戟，目穎星明，雄姿邈世，逸氣橫生。		FH-54 北京故宮博物院
花 012	軸 82× 42.5cm	盆菊圖			北京故宮博物院
花 013	軸	梨花白燕圖			北京故宮博物院
花 014	軸	荷花牡丹圖			北京故宮博物院
花 015	軸	瓶梅圖			北京故宮博物院
花 016	軸	秋水白鷺圖			北京故宮博物院
花 017	軸	蘆花雙雁	半山溪雨帶斜暉，雨水蘆花映客衣，雲水可知天到處，寄書須及雁南飛。		TH-116 北京故宮博物院
花 018	軸	博古圖			北京故宮博物院
花 019	軸	荷鴨圖			首都博物館
花 020	折扇面	春蠶圖	辛勤得繭不盈筐，燈下絲恨更長。著處不知來處苦，但貪衣上秀鴛鴦。瘦瓢	C	CH-192 首都博物館
花 021	折扇面	花卉圖			TH-126 首都博物館
花 022	冊 23.5× 28cm	梨花春燕圖	當壚女子髻巉岩，穿袖新奇短短衫。自是江南風景好，梨花小與燕呢喃。		TH-110 中國歷史博物館
花 023	軸 124.6× 59.8cm	德禽耀武圖	大雞昂然來，小雞竦而待。崢嶸顛盛氣，洗刷凝鮮彩。高行若矜豪，側眄如伺殆。精光目相射，劍戟心獨在。既取冠為胄，復以距為鐓。天時得清寒，地利挾爽塏。磔毛各噤瘽，怒瘦爭猥磊。俄膺忽爾低，植武瞥而改。腸賭	C	TH-111 中國歷史博物館藏

			戰聲喧，繽翻落羽。中事未決，小挫勢益倍。妒腸務生敵，賊性專相醯。裂血失鳴聲，啄殷甚飢餒。對起何急驚，隨旋誠巧。毒手飽李陽，神槌困朱亥。惻心我以仁，碎首爾何罪？獨勝事有然，旁驚汗流浼。知雄欣動顏，怯負愁看賄。爭觀雲填道，助叫波翻海。事爪深難解，嗔晴時未怠。一噴一醒愁，再接再厲乃。頭垂碎丹砂，翼榻拖錦彩。連軒尚賈餘，清屬比歸凱，選俊感收毛，受恩慚始隗。英心甘鬥死，義肉恥庖守。君看鬥雞篇，期韻有可採。瘦瓢。		
花 024	軸 93.4×43.8cm	細柳鳴蟬圖	溪石瓷蓮沼，堤楊蓋水亭。坐深忘大暑，意適理殘形。雨腳懸白江，蟬聲搖樹青。主人蔬一箸，辛苦出園丁。瘦瓢子。	D	TH-112 中國歷史博物館
花 025	軸	蕉鶴圖			中央美術學院藏
花 026	軸 176×104.5cm	柳鴉圖	瘦瓢。	C	TH-286 中央工藝美術學院藏
花 027	軸 129×44.5cm	柳塘雙鷺圖	青山淡抹走輕烟，楊柳高樓大道邊。閒殺青江看振鷺，一拳撐破水中天。瘦瓢子寫。	D	TH-287 中央工藝美術學院藏
花 028	軸	柳石八哥圖			中國美術館
花 029	軸	蘆荻游鴨圖			中國美術館
花 030	軸	柳鷺圖			北京市工藝品進出口公司藏
花 031	冊 24.7×27.7cm	人物花卉			北京市工藝品進出口公司藏
花 032	冊	花卉 1. 秋菊圖 2. 梅花圖 3. 水仙圖 4. 桃花圖 5. 玉簪圖 6. 櫻筍圖	1. 手執累氼擘蟹黃，客中何事又重陽。年年佳節看成慣，醉寒花一瓣香。 2. 江南霜月白如銀，帶醉歸來別館春。忽到窗間疑是夢，繞簾梅影認前身。 3. 誰憐瑤草自先春，得得東風立水濱，淫透湘裙剛十幅，宓妃原是洛川神。瘦瓢。 4. 一年一度花上市，眼底揚州十二春。冷冷東風開燕剪，碧桃	C	FH-64 北京市工藝品進出口公司藏

			細柳雨中新。瘦瓢。 5. 蔚藍天氣露華新，誰拾閒皆寶玉珍，不識搔頭能倍價，只今猶憶李夫人。 6. 惜別春風楊柳絲，懷君囊有玉堂詩。長安道上歸心急，四月鱘魚櫻筍時。		
花033	軸	菊花雙兔圖			北京市文物商店藏
花034	23.5×29.2cm	沒骨著色花鳥草蟲冊 1. 竹雞、荼花 2. 古柯雙雀 3. 蛺蝶雙飛 4. 螳螂 5. 蜜蜂 6. 蜻蜓 7. 蟋蟀、狗尾草 8. 雁來紅 9. 紫籐花 10. 雞冠花	1. 懷君抱癖惡新衣，入夜熒熒見少微。如此春光三四月，竹雞聲裏蘭花飛。 2. 瘦瓢子慎。 3. 造化誰使然？春去秋風起。愁語憂寒蟄，文章媚鳳子。 4. 形雖似天馬，不及石琅多。 5. 黃蜂乘春，采采聲疾。盼得春歸，傷哉割蜜。 6. 點水蜻蜓款款飛。 7. 牆上春生狗尾多。 8. 石城門外夕陽東，消盡繁華絲管中，幾日荼訪秋色好，珊瑚丈二雁或紅。 9. 岩石堂深看早霞。 10. 階前秋老雞冠癯。	D	TH152-156 上海博物館
花035	冊 23.7×34.7cm	1. 雙蝶探花圖 2. 綉球花圖 3. 洪福齊天圖 4. 金帶圍芍藥圖 5. 細柳鳴蟬圖 6. 鳳仙花圖 7. 鸚鵒荼花圖 8. 一枝棲雀圖 9. 玉樹冰姿圖 10. 山水 11. 麻雀	1. □□一釣竿，寄託各有別。 2. 草上逢蝴蝶，蓬蓬舞不休。蒲葵莫相擬，或恐是莊周。 3. 蝶翅。 4. 鳳仙。 5. 紅福天高，瘦瓢老人。 6. 無人高潔。 7. 懷君抱癖惡新衣，入夜熒熒見少微。如此春光三四月，竹雞聲裏蘭花飛。 8. 金帶圍。 9. 來往空勞白下船，秦樓楚館總堪憐。但餘一卷新詩草，聽雨江湖二十年。 10. 月照冰姿全是潔，風搖玉樹不生塵。 11. 秦淮日夜大江流，何處魂銷燕子樓。砧搗一聲霜露下，可憐都化石城秋。 12. 暫借一枝棲。		TH158-169 上海博物館

花 036	軸	柳枝畫眉圖	鳳釵如墜試容妝，睡起慵慵醉海棠，學得柳纖新樣子，畫眉疑是喚張郎。寫似亨老學長兄，閩中黃慎。	A	《圖目五》滬1-3803 上海博物館
花 037	軸 164.1×89.3cm	柳鷺圖	青山淡抹走輕烟，楊柳高樓大道邊。閒殺青江看振鷺，一拳撐破水中天。瘦瓢	C	《圖目五》滬1-3804 上海博物館
花 038	軸 113.7×57.7cm	柳鷺圖	青山淡抹走輕烟，楊柳高樓大道邊。閒殺青江看振鷺，一拳撐破水中天。		TH-157、CH-51《圖目五》滬1-3805 上海博物館
花 039	軸	疏柳鳴禽圖			上海博物館
花 040	軸 105.3×50cm	瓶梅圖	品原絕世誰同調，骨是平生不可人。		TH-182 上海博物館
花 041	軸	荷花雙鳧圖			上海文物商店藏
花 042	軸	蕉鶴圖			上海文物商店藏
花 043	軸	蘆雁圖			上海文物商店藏
花 044	橫軸 50.3×73.6cm	葦塘雙鴨圖	黃慎。		TH-198 南京博物院
花 045	折扇面 18.8×55.6cm	梅花圖	品原絕世誰同調，骨是平生不可人。瘦瓢。	C	TH-197 南京博物院
花 046	軸	耄耋圖			南京市文物商店藏
花 047	軸 68×50.5cm	瓶插芍藥圖	櫻桃初熟散榆錢，又是揚州四月天，昨夜堂前紅藥破，獨防風雨未成眠。瘦瓢。	C	《圖目六》蘇19-36 江蘇省美術館
花 048	軸 197×104cm	蘆雁圖	瘦瓢。	C	TH-228 揚州博物館
花 049	冊頁 22.6×34.5cm	月季、蝴蝶圖	瘦瓢。	C	揚州市博物館
花 050	軸	水仙圖			江蘇南通博物苑藏
花 051	軸	梅花圖			江蘇南通博物苑藏
花 052	軸	玉蘭圖			江蘇南通博物苑藏
花 053	軸	柳鷺圖			江蘇南通博物苑

花 054	軸 170×92.5cm	柳塘雙鴨圖	楊柳青青憶昔時，六朝塵跡鴨鷗知。畫船載的雷塘雨，收拾湖山入小詩。瘦瓢。	C	TH-232 江蘇鎮江市博物館
花 055	軸 69×36.4cm	瓶梅圖			浙江省博物館
花 056	軸 106.5×36.5cm	蘆鴨圖	寧化瘦瓢子寫。	D	TH-239 浙江省博物館
花 057	冊	花卉圖			浙江省博物館
花 058	軸 177.5×89.5cm	山谷雙鶉圖	知君抱癖惡新衣，入夜見瑩瑩少微。如此春光到三月，竹雞聲裏荼花飛。瘦瓢。	C	《圖目十一》浙 4-112 杭州西泠印社藏
花 059	軸	楊柳、白鷺圖			浙江省寧波市天一閣文物保管所藏
花 060	橫軸 65×88.3cm	歲朝清供圖	□□□閩中黃慎寫	A	TH-246 安徽省博物館
花 061	橫軸 90.3×110.6cm	富貴有餘圖	富貴有餘，寧化黃慎寫。	A	TH-245 安徽省博物館
花 062	軸 117.5×59.4cm	瓶梅圖			TH-137 天津市藝術博物館
花 063	軸 125×77cm	菊蟹圖			天津市藝術博物館
花 064	冊 28×47.4cm	1. 秋柳鳴蟬圖 2. 水仙圖 3. 玉簪花圖 4. 牽牛花圖 5. 蛾眉豆圖 6. 梅花圖	1. 無人信高潔，惟有表余心。 2. 誰憐瑤草自先春，得得東風立水濱，溼透湘裙剛十幅，宓妃原是洛川神。 3. 蔚藍天氣露華新，誰拾閒皆寶玉珍，不識搔頭能倍價，只今猶憶李夫人。 4. 小卉分濃淡，侵晨眼暫經。形同鼓子草，色類佛頭青。 5. 蛾眉初試黛螺青。 6. 品原絕世誰同調，骨是平生不可人。		TH-138～TH148 天津市藝術博物館
花 065	50.5×33.5cm	墨荷圖	寒衣欲寄厚裝棉，節近重陽又一年。怕上湖亭蕭瑟去，漫天風雨□愁蓮。		TH-131 天津市歷史博物館
花 066	軸 139×62.5cm	柳塘雙鷺圖	青山淡抹走輕烟，楊柳高樓大道邊。閒殺青江看振鷺，一拳撐破水中天。瘦瓢子寫。	D	TH-186 遼寧省博物館

花 067	軸 123.3×55.2cm	蘆鴨圖	寫爲致老學長兄作，黃慎。	A	TH-187 遼寧省博物館
花 068	軸 103.2×34.6cm	瓶梅圖	高齋又撿一年春，供客梅花自不貧。瘦到可憐詩化骨，還疑紅影認前身。瘦瓢子慎。	D	TH-188 遼寧省博物館
花 069	冊	花卉圖 1. 芍藥圖 2. 飛燕桃花圖 3. 石榴圖 4. 萱草圖	1. 乍剪春風錦繡春，誰憐鐵石是心腸。知君不愛胭脂抹，墨蘸徐妃半面粧。 2. 小樓一夜聽春雨花。，深巷明朝賣杏 3. 山中秋老無人摘，自迸明珠打雀兒。 4. 偶過人家斗草，背他先去摘宜男。		FH-74 吉林省博物館
花 070	軸	白鹿圖			吉林省博物館
花 071	軸 111.5×50.5cm	芙蓉白鷺圖	湘簾自起坐空堂，白晝閑抄肘後方。近水樓臺秋意澹，芙蓉雨過十分涼。寧化黃慎。	A	《圖目十六》魯1-314 山東省博物館
花 072	軸	秋江雙鴨圖			山東省博物館
花 073	軸	鷹石圖			山東省博物館
花 074	橫軸 93×126cm	蘆塘雙鴨圖	蘆荻蕭蕭憶昔時，六朝塵跡鴨鷗知，畫船載得雷塘雨，收拾湖山入小詩		《圖目十六》魯7-73 山東烟臺市博物館
花 075	軸 137×64cm	雙貓圖	泛覽昌蒲花，那得同凡草。惟茲能引年，令人長壽考。對茲含笑花，誰似長年好，蔓草春風歸，安得不速老，十載江南村，不識江南路。片片落花飛，來去知何處。瘦瓢。	C	TH-275 廣東省博物館
花 076	軸 174.5×50.5cm	鶹鶉野菊圖			廣東省博物館
花 077	軸 105×61cm	蘆雁圖	久客思歸意不休，遙看一雁下孤洲。那堪連夜瀟湘雨，夢斷江南萬里秋，瘦瓢。	C	TH-274 廣東省博物館
花 078	軸 177×93.5cm	蕉陰戰犬圖	生平作客笑書淫，飢鶴相隨日日陰。花爲好懷開未得，春寒不轉綠蕉心。瘦瓢。	C	TH-283 廣州市美術館
花 079	橫軸 60×68cm	獅狗圖			廣州美術學院藏
花 080	軸	荷花雙鷺圖			江西八大山人紀念館藏

花 081	卷	花卉圖（四段）			湖南博物館
花 082	軸	杏花柳燕圖	當壚女子鬢巉岩，窄袖新奇短短衫。自是江南風景好，梨花小與燕呢喃。		TH-249 武漢市文物商店藏
花 083	軸 79.8×44.8cm	杏花柳燕圖	自是江南風景好，杏花小雨燕呢喃		《圖目十七》川1-381 四川省博物館
花 084	軸 113.7×57.1cm	柳塘雙鷺圖	湘簾曉捲廣陵烟，楊柳高樓大道邊。閒殺春江看振鷺，一拳撐破水中天。瘦瓢子慎。	D	TH-251 四川省博物館
花 085	軸	楊柳鷗鴒圖			四川大學藏
花 086	軸 167×94cm	蘆雁圖	久客思歸意不休，遙看一雁下孤洲。那堪連夜瀟湘雨，夢斷江南萬里秋。瘦瓢。	C	《圖目十七》川2-100 四川大學藏
花 087	冊 32.2×41.2cm	花卉圖 1. 玉簪圖 2. 菊花圖 3. 桃花圖 4. 葵花圖 5. 牡丹圖 6. 梨花圖 7. 萱草圖 8. 芙蓉圖 9. 芍藥圖	1. 蔚藍天氣露華新，誰拾閒皆寶玉珍，不識搔頭能倍價，只今猶憶李夫人。 2. 手執累厄擘蟹黃，客中何事又重陽。年年佳節看成慣，歸醉寒花一瓣香。 3. 一年一度花上市，眼底揚州十二春。冷冷東風開燕剪，碧桃細柳雨中新。 4. 最愛葵花淺澹妝，秋來何事殿群芳，卻嫌銀粉多相污，還憶當年尚額黃。 5. 故人過我草堂東，不問明朝米甕空，摯著燭臺成習氣，揭簾先照鶴翎紅。 6. 當壚女子鬢巉岩，窄袖新奇短短衫。自是江南風景好，梨花小與燕呢喃。 7. 朝朝畫客睡猶酣，又於春光三月三，偶過鄰家閒斷草，背人先去摘宜男。 8. 湘簾曉起坐空堂，白晝閑抄肘後方。近水樓臺秋意淡，芙蓉雨過十分涼。 9. 乍剪春風錦繡春，誰憐鐵石是心腸。知君不愛胭脂抹，墨蘸徐妃半面粧。		TH260～268 雲南省博物館
花 088	冊頁 25.8×39.5cm	菊花圖			雲南省博物館

花 089	軸	柳陰白鷺圖			陝西西安文物研究中心藏
花 090	橫軸 106.6 ×134.9cm	蘆雁圖			舊金山亞洲藝術博物館
花 091	軸	玉簪花圖			CY-118 徐平羽
花 092	軸	蘆鴉圖			CY-119 孫大光
花 093	軸	歲朝清供圖圖			CY-120 徐悲鴻紀念館
花 094	冊	雙鴨圖			PH-26
花 095	軸	瓶梅圖			PH-29
花 096	軸 160× 90cm	荷梟圖			福建省寧化縣博物館
花 097		花鳥圖			福建省寧化縣博物館
花 098	軸	墨梅圖			福建省寧化縣博物館
花 099	軸 138.2× 56.4cm	芍藥圖			臺灣省臺北市國泰美術館
花 100	軸	瓶花圖			臺灣省臺北市國泰美術館
花 101		雄鷹獨立圖			美國普林斯頓大學美物館
花 102		蘆雁圖			日本東京天隱堂
花 103	折扇面	梅花圖			福州市博物館
花 104	條屏 108 ×36.5cm	蘆鴨圖			福建師範大學藏
花 105	冊	雜畫圖			瑞典斯德哥爾摩國家博物館
花 106	冊	雜畫圖			陳萬里《揚州八怪書畫選集》
花 107		花卉冊			CY-120 普林斯頓大學美物館
花 108	軸 109× 46.5cm	荷鷺圖			中國嘉德拍賣公司 2001 年 4 月
花 109	軸 197× 54cm	杏林燕語圖	漢宮一百四十五，多下珠簾閑增窗，何處營巢春已半，杏林烟裏語雙雙。		北京瀚海公司 2001 年春季拍賣會

花 110	軸 144×73cm	雪梅寒雀圖	夜深雪水自煎茶，忽憶山中處士家，記取寒香清澈骨，只今無夢到梅花。瘦瓢。	C	北京瀚海公司 2001 年春季拍賣會
花 111	軸 123.8×39.8cm	荷塘白鷺	瘦瓢。	C	佳港 2008 秋拍 http://pm.findart.com.cn/719880-pm.html 20091211
花 112	軸 130×35cm	柳塘白鷺	湘簾曉卷廣陵煙，楊柳高樓大道邊。開殺春江看振鷺，一拳撐破水中天。寧化黃慎。	A	佳港 2008 秋拍 http://pm.findart.com.cn/719868-pm.html 20091211
花 113	軸 184.2×53.cm	鵃鴣	懷君抱癖惡新衣，入夜熒熒見少微。如此春光三四月，竹雞聲裏蘭花飛。		紐蘇 88-75
花 114	軸 158×40cm	秋葵	最愛葵花淺澹妝，秋來何事殿群芳，卻嫌銀粉多相污，還憶當年向額黃。		博達 99 秋-268
花 115		柳鷺圖	湘簾曉捲廣陵烟，楊柳高樓大道邊。開殺春江看振鷺，一拳撐破水中天。		北京華辰 2004-253
花 116	扇面 16×46cm	梅花清福	一笻一笠一瘦瓢，愛向峰頭把鶴招。莫道歸來無故物，梅花清福也難銷。黃慎。	A	中貿聖佳 2008 春拍 http://pm.findart.com.cn/432280-pm.html 20091211
花 117		柳蟬圖	如何肯到清秋夜，已帶斜陽又帶蟬。寧化瘦瓢子寫。	D	紐港 90-132
花 118		花卉冊			翰海 99-717
花 119	軸 83×37.6cm	鷺鷥	一泓秋水鷺鷥明。瘦瓢。	C	中國嘉德 2006 秋拍 http://pm.findart.com.cn/1593946-pm.html 20091211
花 120	軸 103×53cm	五瑞圖	五瑞圖。瘦瓢子寫。	D	中貿聖佳 2006 秋拍 http://pm.findart.com.cn/1567529-pm.html 20091211

花 121	軸 196.5× 53.8cm	鷹	左看若側，右視如傾。勁翮上下，機健體輕。嘴利若戟，目穎星明，雄姿邈世，逸氣橫生。		中國嘉德 2006 秋拍 http://pm.findart. com.cn/1595092- pm.html 20091211
花 122	軸 164× 90cm	蘆荻雙鴨圖	蘆荻蕭蕭憶昔時，六朝塵跡鴨鷗知。畫船載得雷塘雨，收拾湖山入小詩。寧化黃愼。	A	中國嘉德 2009 春拍 http://pm.findart. com.cn/805568- pm.html 20091211
花 123	軸 107× 52cm	墨梅圖	臨水一枝春占早，照人千樹雪同清。黃愼。	A	匡時國際 2009 春拍 http://pm.findart. com.cn/354143- pm.html 20091211
花 124	軸 58.5× 35cm	水仙	誰憐瑤草自先春，得一東風立水濱。濕透湘裙剛十幅，宓妃原是洛川神。瘦瓢。	C	北京歌德 2009 春拍 http://pm.findart. com.cn/1154990- pm.html 20091211
花 125	冊頁 22.5 ×32.5cm ×10	花卉疏果冊	1. 士大夫不可不知此味。 2. 黃愼。 3. 密室風生佛手香，愼。 4. 蛾眉落蘚。 5. 流落盡珠璣。 6. 銅瓶隨插野溪花。 7. 瑤池種。 8. 富貴有餘。 9. 桂武。 10. 昔別依依楊柳枝，懷君曩有玉堂詩。長安市上歸心急，四月鰣魚櫻筍時。瘦瓢。	B	中貿聖佳 2009 秋拍 http://pm.findart. com.cn/1639117- pm.html 20091211
花 126	107× 37.5cm	鰣魚圖	四月鰣魚入市鮮。瘦瓢。	C	西泠印社 2008 春拍 http://pm.findart. com.cn/429052- pm.html 20091211
花 127	軸 80.5× 45cm	碧桃細柳圖	一年一度花上市，眼底揚州十二春。冷冷東風開燕剪，碧桃細柳雨中新。寧化瘦瓢。	C	西泠印社 2008 春拍 http://pm.findart. com.cn/429054- pm.html 20091211

花 128	軸 104.8× 65.2cm	三羊開泰	瘦瓢。	C	中國嘉德 2007 秋拍 http://pm.findart.com.cn/1094550-pm.html 20091211
花 129	軸 123× 42.5cm	蘆塘野鴨圖	蘆荻蕭蕭憶昔時，六朝塵跡鴨鷗知-畫船載得雷塘雨，收拾湖山入小詩，瘦瓢。	C	西泠印社 2007 秋拍 http://pm.findart.com.cn/1015355-pm.html 20091211
花 130	軸 29.4× 27.9cm	芙蓉書法斗方	柳眼青青野果肥，旅園鎮日掩柴扉。牆過玉荀連雲插，燕濕香泥帶雨歸。湘水魚書經歲至，江南花事與心違。開窗獨向鍾山下，幾度詩成上翠微。旅次江南公事李不明楚中見寄。		佳港 2007 秋拍 http://pm.findart.com.cn/578674-pm.html 20091211

山水

代號	形　式	作品名稱	款文錄要	題署類型	刊載處／收藏處
山 01	軸 169.2× 88.1cm	柳陰漁艇圖			北京故宮博物院藏
山 02	冊	柳溪漁釣圖			北京故宮博物院藏
山 03	冊	關山行旅圖			北京故宮博物院藏
山 04	軸 123.5× 45cm	秋山圖	砧搗一聲霜露下，可憐都化石城秋。黃慎寫。	A	TH-118 首都博物館
山 05	軸 121.8× 61cm	歸舟圖	采石春風聽於晚潮，榻懸窗館夜蕭蕭。一時沼鑊毓花豔，明日帆飛去路遠。凍律歡嘗羅漢果，矜紅深惜美人蕉。卻教不盡殷勤意，難黏歸心是柳條。瘦瓢子慎。	D、B	TH-119 首都博物館
山 06	折扇面	風雨歸舟圖	夜雨寒潮憶敝廬，人生只合老樵漁。五湖收拾看花眼，歸去青山好著書。瘦瓢子慎。	D、B	CH-190 首都博物館
山 07	折扇面	柳岸泊舟圖	蕩破水雲歸釣艇，飛空蘿月掛江門。世年先生政，黃慎。	A	CH-196 首都博物館

山 08	軸 189×107cm	柳陰垂釣圖			《圖目一》京3-126 中國美術館
山 09	軸	踏雪尋梅圖			中國美術館
山 10	軸 141.7×55.2cm	清波垂釣圖	一臥滄波老釣徒，故人夜雨憶三足，大江東去成天塹，處處春山呼鷗鴣。瘦瓢子慎寫。	D、B	TH285、《圖目一》京 8-106 中央工藝美術學院
山 11	軸 188.5×110.5cm	石城風雨圖			上海博物館
山 12		山水圖			CY-115 上海市大石齋
山 13		山水圖			CY-115 天津市楊建庵
山 14	軸 20×14cm	寫生山水冊			上海朵雲軒
山 15	軸	溪山廬舍圖			江蘇省國畫院
山 16	軸 183×96.3cm	夜雨寒潮圖	夜雨寒潮憶敝廬，人生只合老樵漁。五湖收拾看花眼，歸去青山好著書。瘦瓢子慎。	D、B	TH-227 揚州博物館
山 17	軸 22.5×34.5cm	風雨歸舟圖	夜雨寒潮憶敝廬，人生只合老樵漁。五湖收拾看花眼，歸去青山好著書。		CH-326 揚州博物館
山 18	軸	柳岸歸漁圖			揚州博物館
山 19	軸	蓼灘釣舟圖			揚州市文物商店
山 20	橫軸	皋田春種圖			揚州市私人藏
山 21	折扇面 17.5×49.5cm	雪騎探梅圖	騎驢踏雪爲詩探，送盡春風酒一顧。獨有梅花知我意，冷香猶可較江南。寧化瘦瓢慎。	C	TH-233 鎮江市博物館
山 22	橫軸	大姑山、小姑灣圖			蘇州市博物館
山 23	軸 181.9×102.2cm	湖亭秋興圖	寒衣欲寄厚裝棉，節近重陽又一年。怕上湖亭蕭瑟甚，漫天風雨卸秋蓮。瘦瓢子慎寫	C、B	TH-194 南京博物院藏
山 24	軸 164×82cm	山谷聽琴圖	流水白雲西復東，高歌一曲遠生風。相攜自是知音客，故寫閑心三尺桐。瘦瓢子。	D	TH-196 南京博物院藏

山25	軸 100.3×47.8cm	燕子樓圖	秦淮日夜大江流，何處魂銷燕子樓。砧搗一聲霜露下，可憐都化石城秋。瘦瓢子寫。	D	TH-238 浙江省博物館
山26	90.5×95.5cm	溪橋策杖圖	□□滿山藏鳥雀，水聲沿澗有□□。		《圖目十一》浙4-114 杭州西泠社印
山27	折扇面 19×50.7cm	柳岸泛舟圖	一臥滄波老釣徒，故人夜雨憶三足，大江東去成天塹，處處春山呼鷓鴣。瘦瓢黃慎。	C、A	TH-242 安徽省博物館
山28	折扇面 17.4×52.6cm	雪景圖	騎驢踏雪爲詩探，送盡春風酒一顧。獨有梅花知我意，冷香猶可較江南。寧化黃慎寫。	A	TH-243 安徽省博物館
山29	軸 165.9×89cm	寒溪夜雨圖	夜雨寒潮憶敝廬，人生只合老樵漁。五湖收拾看花眼，歸去青山好著書。瘦瓢子寫。	D	TH-270、《圖目十三》粵1-0735 廣東省博物館
山30	軸 174.5×50.5cm	雲壑松泉圖	仙官欲住九龍潭，旄節朱幡倚石龕。山壓天中半天上，洞穿江底出江南。瀑布杉松常帶雨，夕陽彩翠忽成嵐。借問近來雙白鶴，已曾衡嶽送蘇耽。		TH-271、《圖目十三》粵1-0736 廣東省博物館
山31	軸 136.9×63.7cm	秋江漁翁圖	籃內河魚換酒錢，蘆花被裏醉紅眠，每逢風雨不歸去，紅蓼灘頭泊釣船，瘦瓢。	C	TH-273 廣東省博物館
山32	冊	山水人物圖			湖南省博物館
山33	軸 196.4×107cm	山窮雲起圖			湖南省博物館
山34	橫幅 87.2×110.9cm	松門石鏡圖	松門開石鏡，曾照幾人過？爲訪投書浦，長懷五噫歌。一肩擔雨雪，半世老風波。何日能歸去，結茅衣薜蘿。瘦瓢子寫。	D	TH-248 武漢市文物商店
山35	軸 161.6×88.1cm	風雨行舟圖	橫塗直抹氣穹窿，不與人間較拙工。醉裡那知不是我，憑他笑似米南宮。瘦瓢子寫。	D	《圖目十七》川1-383 四川省博物館
山36	軸	柳陰納涼圖	秦淮日夜大江流，何處魂銷燕子樓。砧搗一聲霜露下，可憐都化石城秋。瘦瓢。	C	TH-250 四川省博物館
山37	軸 134×53cm	豆棚小憩圖	秦淮日夜大江流，何處魂銷燕子樓。砧搗一聲霜露下，可憐都化石城秋。瘦瓢。	C	FH-96 貴州省博物館

山38	軸203×59cm	蓼灘泊舟圖	籃內河魚換酒錢，蘆花被裏醉紅眼，每逢風雨不歸去，紅蓼灘頭泊釣船，慎。	B	TH-132 天津市藝術博物館
山39	橫幅62.5×83cm	清波釣艇圖	一臥滄波老釣徒，故人夜雨憶三足，大江東去成天塹，處處春山呼鷗鴣。瘦瓢。	C	TH-133、《圖目十》津7-1261 天津市藝術博物館
山40	冊23×31.7cm	山水圖			福建省博物館
山41	軸	山水人物圖	芳草青青送客歸，白門山色近如何。明朝猶有故園思，燕子來時風雨多。黃慎。	A	TH-253 雲南省博物館
山42	冊	1.山寺覽江圖 2.柳岸泊釣圖 3.山樓望棹圖 4.坐對山松圖 5.岩畔釣舟圖 6.策杖歸田圖	1.峰回五老氣蒼蒼，誰吊當年古戰場，欲買□尊江上奠，孤帆隱隱趁斜陽。 2.籃內河魚換酒錢，蘆花被裏醉紅眼，每逢風雨不歸去，紅蓼灘頭泊釣船。 3.一臥滄波老釣徒，故人夜雨憶三足，大江東去成天塹，處處春山呼鷗鴣。 4.馬上塵飛厚老顏，故鄉空負掩柴關。春花爛熳不歸去，日日晴和好看山。 5.故人今夕夜無邊，安得洪崖共拍看，臨水小桃春□暖，眞抄江口夜行船。 6.懷君抱癖惡新衣，入夜熒熒見少微。如此春光三四月，竹雞聲裏荼花飛。		CH358～CH369 雲南省博物館
山43	軸153.5×49cm	蓬窗看山圖	浩渺煙波任往還，中流放棹白鷗閑。呼童煮茗尋秫酒，醉臥蓬窗看遠山。		TH278 廣州市美術館
山44	軸161×75cm	湖亭清話圖	寒衣欲寄厚裝棉，節近重陽又一年。怕上湖亭蕭瑟甚，漫天風雨卸秋蓮。黃慎。	A	TH280 廣州市美術館
山45	軸189×115cm	踏雪尋梅圖	騎驢踏雪爲詩探，送盡春風酒一顧。獨有梅花知我意，冷香猶可較江南。瘦瓢。	C	TH281、《圖目十四》粵2-383 廣州市美術館
山46	條屏	四季山水圖			福建省美術館
山47	軸	米點山水圖			福建省美術館
山48	軸	松下聽琴圖			福建省美術館

山 49	軸	石城秋色圖			福建省美術館
山 50	軸	候船圖			福建師範大學
山 51	軸 168×92cm	米點山水圖			福建寧化縣博物館
山 52		山水圖			福建寧化縣博物館
山 53		江畔行吟圖			美國景元齋
山 54		漁火圖			美國景元齋
山 55		踏雪尋梅圖			CY-110 福州市林友良
山 56		蘆灘醉眠圖			CY-110 福州市林友良
山 57		煙雨雲山圖			CY-114 福州市林友良
山 58		柳溪垂釣圖			CY-113 福州市林友良
山 59		山水圖			CY-115 揚州市陳履恒
山 60	軸 177.5×92.1cm	溪山別館圖			澳門賈梅士博物館
山 61	橫幅 30.8×86.8cm 不等	山水人物圖			日本東京國立博物館
山 62	橫幅 89.5×117.5cm	九瀧仟舟圖			倫敦大英博物館
山 63	冊 28.9×35.5cm	山水圖			舊金山亞洲美術博物館
山 64	軸 285×103cm	採茶圖	採茶深入麋鹿群，自剪荷衣漬綠雲。寄我峰頭三十六，消煩多謝武夷君。		北京華辰 2006 秋 http://pm.findart.com.cn/1593605-pm.html 2009 年 12 月 11 日下載
山 65	軸 235×102cm	漁樵圖	夜雨寒潮憶敝廬，人生只合老樵漁。五湖收拾看花眼，歸去青山好著書。黃慎。	A	中國嘉德 2006 秋 http://pm.findart.com.cn/1595091-pm.html 2009 年 12 月 11 日下載

山66	折扇面	登山訪勝圖			小萬柳堂
山67	軸168×85cm	攜琴訪友圖	瘦瓢子黃慎。	C、A	TH-151 上海博物館
山68		柳下泛舟圖	一臥滄波老釣徒，故人夜雨憶三足，大江東去成天塹，處處春山呼鷓鴣。黃慎。	A	CH-393　廣州市美術館
山69		行旅圖	柳眼青青送客過，白門草色且如何，明朝猶有故園思，燕子來時風雨多。黃慎。	A	TH-279廣州市美術館
山70	軸109×58cm	雪景山水圖	冷冷雪風趁小春，短節扶我到江濱。一枝照水凌霜鬢，送喜梅花笑老人。		CH-200　天津歷史博物館
山71	軸156×85cm	雨窗夜讀	夜雨寒潮憶敝廬，人生只合老樵漁。五湖收拾看花眼，歸去青山好著書。瘦瓢。	C	佳港 2008 春 http://pm.findart.com.cn/463824-pm.html 2009 年 12 月 11 日下載
山72	軸84×127.5cm	歸來故國春光好	寫得花開鴨嘴船，隋堤楊柳又含煙，歸來故國春光好，意君江南三十年。瘦瓢。	C	甄藏 98 春-177
山73	軸173.3×60.3cm	老松	瘦瓢。	C	紐港 90-111
山74		踏雪尋梅圖	騎驢踏雪為詩探，送盡春風酒一顧。獨有梅花知我意，冷香猶可較江南。瘦瓢。	C	中國嘉德 2006 春 http://pm.findart.com.cn/1384555-pm.html 2009 年 12 月 11 日下載
山75	軸168.6×90.2cm	停棹清談圖	一臥滄波老釣徒，故人夜雨憶三足，大江東去成天塹，處處春山呼鷓鴣。瘦瓢。	C	中國嘉德 2006 春 http://pm.findart.com.cn/1480072-pm.html 2009 年 12 月 11 日下載
山76	軸118×48.5cm	春江獨釣圖	一臥滄波老釣徒，故人夜雨憶三足，大江東去成天塹，處處春山呼鷓鴣。瘦瓢。	C	西泠印社 2007 秋 http://pm.findart.com.cn/1015619-pm.html 2009 年 12 月 11 日下載

山 77	軸 53×26cm	山水	閩中黃慎寫。	A	中國嘉德 2007 秋 http://pm.findart.com.cn/686433-pm.html 2009 年 12 月 11 日下載
山 78	軸 167×92cm	風雨歸樵	夜雨寒潮憶敝廬，人生只合老樵漁。五湖收拾看花眼，歸去青山好著書。癭瓢。	C	中貿聖佳 2009 秋 http://pm.findart.com.cn/1639284-pm.html 2009 年 12 月 11 日下載
山 79		採茶圖	採茶深入麋鹿群，自剪荷衣漬綠雲。寄我峰頭三十六，消煩多謝武夷君。		中嘉 2008 春 http://pm.findart.com.cn/463824-pm.html 2009 年 12 月 11 日下載

書法

代號	形　式	作品名稱	款文錄要	題署類型	刊載處／收藏處
書 01	軸 179.5×93cm	草書詩軸	柳眼青青野果肥，旅園寂寂掩柴扉。牆過玉荀連雲插，燕濕香泥帶雨歸。湘水魚書經歲至，江南花事與心違。開窗獨向鍾山下，幾度哦詩繞翠微。客江南答李子明楚中見寄。美成堂黃慎。	A	故宮博物院藏文物珍品大系-136北京故宮博物院藏
書 02	軸 96×44.3cm	草書詩			北京故宮博物院藏
書 03	軸 152.8×48cm	草書七律			北京故宮博物院藏
書 04	軸 166.9×84.6cm	草書五律	梅花三十樹，數畝草堂分。竟日無來客，關門理舊文。罄瓶防夜凍，漉酒待朝釀。堤上閑叉手，風生水面紋。草亭飛萬竹，苔蘚上平欄。曉月鴉聲落，秋香蝶夢殘。酒連今日病，衾破舊時寒。歸計鄱陽水，相思十八灘。.草亭飛萬竹，苔蘚上平欄。曉月鴉聲落，秋香蝶夢殘。酒連今日病，衾破舊時寒。歸計鄱陽水，相思十八灘。裊馬邗溝上，憐君已倦	A	故宮博物院藏文物珍品大系-137北京故宮博物院藏

			遊，三春京國夢，七月海門秋，文字空芻狗，琴樽狎水鷗，前期未可卜，更擬共滄洲。寧化黃慎。		
書 05	軸	草書			北京故宮博物院
書 06	聯 111.7×25.4cm	草書七言聯			北京故宮博物院
書 07	聯 104.4×25.6cm	草書五言聯			北京故宮博物院
書 08	軸 198.3×105.3cm	草書自作七律	送君此去五羊城，看到梅花歲又更。芳草趙佗臺上色，鷓鴣韓愈廟前聲。味知馬頰無多美，瘴避桃榔憶遠征。執手東南歧路異，海天風雨獨關情。黃慎。	A	CH-407 中國歷史博物館
書 09	軸	行書五言詩			北京畫院
書 10	聯	草書七言聯			中國文物總店
書 11	軸	草書詩			北京市文物商店
書 12	軸 196×44.3cm	草書七律	裘馬自憐遊已倦，五湖歸去鬢絲明。王維終古為伶役，宋玉誰呼是老兵。關路跟蹌榆莢雨，鄉心格磔鷓鴣聲。相逢一醉春風軟，喚插枝出禁城。寧化黃慎。	A	CH-409 上海博物館
書 13	聯 132×26.3cm	草書七言聯	一庭花醉琴生月，半榻風生鶴近人。寧化黃慎。	A	CH-408、《圖目五》滬 1-3811 上海博物館
書 14	聯 119.3×25.2cm	草書七言聯	半榻爐煙邀素月，一簾風雨讀南華。寧化黃慎。	A	《圖目五》滬 1-3812 上海博物館
書 15		草書自作五律			上海圖書館
書 16	軸 167×57.2cm	草書七律	行旌遽趁雪晴天，聞道姑蘇上畫船。憶子歸乘廉吏石，憐余貧賃草堂錢。黃花瘦盡分吟苦，紅蓼寒深獨醉眠。轉燭交歡無幾日，春風有信報殘年。李崑濤司馬買棹姑蘇。黃慎。	A	CH-412 江蘇無錫市博物館
書 17	卷	草書自作五律詩			江蘇揚州市博物館
書 18	軸 125×52cm	草書七律	裘馬自憐遊已倦，五湖歸去鬢絲明。王維終古為伶役，宋玉誰呼	A	CH-420 江蘇揚州市博物館

			是老兵。關路跟蹌榆莢雨，鄉心格碟鷓鴣聲。相逢一醉春風軟，喚插枝出禁城。寧化黃慎。		
書 19	軸 105× 50cm	草書五律	裊馬邗溝上，憐君已倦遊，三春京國夢，七月海門秋。文字空羈狗，琴樽狎水鷗，前期未可卜，更擬共滄洲。送韓墨庄。梅花三十樹，數畝草堂分。竟日無來客，關門理舊文。罄瓶防夜凍，漉酒待朝醺。堤上閑叉手，風生水面紋。寧化黃慎。	A	CH418 江蘇揚州市博物館
書 20	軸 134.4× 31.8cm	草書五律	裊馬邗溝上，憐君已倦遊，三春京國夢，七月海門秋。文字空羈狗，琴樽狎水鷗，前期未可卜，更擬共滄洲。送韓墨庄。草亭飛萬竹，苔蘚上平欄。曉月鴉聲落，秋香蝶夢殘。酒連今日病，衾破舊時寒。歸計鄱陽水，相思十八灘。寓李氏園林。寧化黃慎。	A	CH-419 江蘇揚州市博物館
書 21	聯 134× 27cm	草書七言聯	別向詩中開世界，長從意外到雲霄。癭瓢山人。	E	FH-111 江蘇揚州市博物館
書 22	軸 93× 48cm	草書五律	草亭飛萬竹，苔蘚上平欄。曉月鴉聲落，秋香蝶夢殘。酒連今日病，衾破舊時寒。歸計鄱陽水，相思十八灘。		《圖目六》 蘇 11-070 江蘇揚州市文物商店
書 23	軸 139× 70.5cm	草書七律	裊馬自憐遊已倦，五湖歸去鬢絲明。王維終古為伶役，宋玉誰呼是老兵。關路跟蹌榆莢雨，鄉心格碟鷓鴣聲。相逢一醉春風軟，喚插枝出禁城。寧化黃慎。	A	《圖目八》 冀 1-148 河北省博物館
書 24	軸 168.2× 42.3cm	草書七律	焚香一炷拜星辰，共祝皇家管履新。老笑簪幡蘇學士，羞慚剪勝李夫人。選花看妾臨春水，投刺忘呈答比鄰。懶與少年同習俗，不教騎馬踏街塵。黃慎。	A	CH410、《圖目十》津 7-1265 天津市藝術博物館
書 25	軸 155.8× 62.5cm	草書七律	臥病江湖跡已疏，聞君重整舊茅廬。欲栽環堵千頭桔，懶答中原一紙書。潮水難平悲伍員，溪毛留恨薦三閭。不須別自尋生計，歸向湖邊作老漁。送汪瞻侯歸姑蘇，寧化黃慎。	A	CH-421、《圖目十》津 7-1266 天津市天津市藝術博物館
書 26	×cm				

書 27	冊 27×23cm	行草書自作詩	柳眼青青送客過		CH-424　山東濟南市博物館
書 28	軸	行書自作七律	昔年兩度接朱駒，猶記秦淮三月三。紅滿杏花驕驛路，綠迷芳草繡江南。遙知又啓山公事，何日重聯太史談？此際衡門空悵望，清時蘿薜衣多慚。黃慎。	A	、《圖目十六》魯5-140 天津市山東青島市博物館
書 29	聯 138.5×29cm	草書五言聯	石雲和夢冷，野草入詩香。黃慎。	A	CH-421　廣東省博物館
書 30	軸 123×55.5cm	草書李白五絕	白髮三千丈，緣何似覺長。不知明鏡裏，何處得秋霜。杜工部句，黃慎。	A	《圖目十八》湘1-067 湖南省博物館
書 31	軸 154.5×61.5cm	草書自作七律		A	《圖目十八》湘1-068 湖南省博物館
書 32	軸	草書自作五律	面梨花雨	A	CH423 廣州美術館
書 33	聯 115×21cm	草書七言聯	夜靜斗撐僊劍月，秋高風洗讀書天。黃慎。	A	CH-422　廣州美術館
書 34	軸 142×42cm	草書自作七律	送君此去五羊城，看到梅花歲又更。芳草趙佗臺上色，鷓鴣韓愈廟前聲。味知馬甲無多味，瘴避桃榔憶遠征。執手東南歧路異，海天風雨獨關情。黃慎。	A	CH-413　南京博物院
書 35	聯	草書七言聯			南京博物院
書 36	冊 29×31.8cm	草書自作七律	《過露筋廟》《感懷寄友》等八首）		CH-414　安徽省博物館
書 37	聯 115.5×22.8cm	草書七言聯			浙江省博物館
書 38	軸 74×42.4cm	草書自作五律四首			湖北省博物館
書 39	軸	草書自作七律	送君此去五羊城，看到梅花歲又更。芳草趙佗臺上色，鷓鴣韓愈廟前聲。味知馬甲無多味，瘴避桃榔憶遠征。執手東南歧路異，海天風雨獨關情。寧化黃慎。	A	F-103 福建寧化縣博物館
書 40	軸 182×47cm	草書自作七絕			福建寧化縣博物館

書 41	小幀 67× 41cm	草書自作七絕		福建寧化縣博物館
書 42	聯	竹刻草書五言聯		福建寧化縣博物館
書 43	聯	草書七言聯		福建寧化縣
書 44	冊	草書唐人陳子昂五言律詩		江西寧都私人藏
書 45	軸	草書自作詩		私人藏
書 46	軸	草書自作詩		私人藏
書 47		草書自作詩七言詩		天津私人藏
書 48	聯	草書五言聯		福建寧化縣私人藏
書 49	聯	草書六言聯		福建寧化縣私人藏
書 50	聯	草書七言聯		福建寧化縣私人藏
書 51	聯	草書七言聯		福建寧化縣私人藏
書 52		楷書自作七絕		揚州八怪書法印章選-281
書 53	軸	草書自作詩		《書法舉要》
書 54	軸	草書自作七律		湖南人民美術出版社版《1987 年墨寶》
書 55	軸	草書五律		《書法》1979 年第 3 期
書 56	聯	草書五言聯		《名人楹聯眞迹大全》
書 57	聯	草書七言聯		《名人楹聯眞迹大全》
書 58	軸 141.2× 79.3cm	草書自作七律		上海博物館 兩塗軒書畫集萃 -187